杨 冰◎主编

脱稿讲话30技

一本书让您会讲、敢讲、能讲、善讲

红旗出版社

目　录

写在前面

脱稿讲话是领导者思想觉悟、理论素养、政策水平、生活阅历、人生经历和文化素质的综合体现。善写能讲，是领导者必备的重要条件；能说会讲，是领导者必备的基本素质。

一、脱稿讲话是成就事业的关键

我们在平时的工作、学习和生活中，都离不开讲话，大量的沟通交流也是依靠讲话来完成的。可以说，讲话是一个人综合素质的体现，其水平和能力是一个现代领导者必备的素质之一，也是提升本领、成就事业的主要途径。

时下，开会照着稿子念，成了一种普遍现象。无论大会、小会，还是长会、短会；无论是发言讲话，还是主持致辞，所有要说的话全写在稿子中，开会念稿子成为一种定式和习惯。

这种习惯，使领导者丧失了独立学习思考的意识，丢掉了深入实际的作风，也少了开拓进取的精神；这种习惯，使领导者变得墨守成规，思想僵化，得过且过；这种习惯，使领导者的讲话毫无营养，听众听得索然无趣。因而，改变领导者的作风，改变会风，就必须锻炼我们的领导干部，对领导干部提出更高的要求，让脱稿讲话成为一种习惯。

脱稿讲话是综合素质的体现，多种因素的组合。只有具备较高的理论水平和政策水平的领导者，才能在讲话时高屋建瓴，从全局上和事物发展的大势上把握问题、思考问题和解决问题；只有具备较高文化素养和文字表达能力的领导者，才能在讲话时思路清晰，有理有据，通俗易懂，抓住听众；只有具备丰富的人生阅历和人生经历的领导者，才能在讲话中循循善诱，如沐春风，吸引听众，打动听众，说服听众，使听众产生共鸣，从而达到讲话的目的。

毛泽东是脱稿讲话的大师。他的讲话，让人记忆很深。无论是谈话、写文章，还是作报告，他的讲话总是生动形象。1921 年，毛泽东在长沙人力车夫的夜校课堂上作报告，他先写了一个“工”字，又写了一个“人”字，然后告诉贫苦工人们，如果把“人”和“工”有力地结合起来，那就构成“天”字——工人阶级团结起来力量可以顶天。如此形象，大家自然铭刻在心了。

井冈山时期，毛泽东非常重视根据地建设，他形象地比喻说：“革命要有根据地，好像人要有屁股。人假若没有屁股，便不能坐下来。要是老走着、老站着，定然不会持久。腿走酸了、站软了，就会倒下去。”这番话，有力地提高了大家对建立革命根据地的认识。

重庆谈判时，毛泽东应邀做客《大公报》。大公报社负责人重提所谓共产党“不要另起炉灶”。毛泽东回答说：“如果蒋委员长是大锅饭让大家吃，共产党决不另起炉灶。如果他不给大家吃大锅饭，饿了两天还可以，饿到第三天，非另起炉灶不行。”

毛泽东这些讲话，无不透着智慧、透着学识，无不恰到好处，生动形象，让人铭记在心，受到启发教益。

邓小平是伟大的革命家、战略家，也是具有鲜明语言风格的伟大政治家，驾驭语言的大师。邓小平的语言风格，简练、幽默、平实，具有鲜明的个性特色。他风趣而幽默的讲话或报告，既深刻又形象。1975年，邓小平重新主持中央工作后，在一次作风整顿会议上，他批评某些工作不作为的领导者时说：“这样的领导干部，索性请他好好休息，不然占着茅坑不拉屎怎么行？”

邓小平常常用最简练的语言，一语中的，讲清楚最重大、最关键的问题。1989 年 9 月 4 日，邓小平同中央几位负责同志谈话，在谈到对于国际形势的态度时，邓小平说：“对于国际局势，概括起来就是三句话：第一句话，冷静观察；第二句话，稳住阵脚；第三句话，沉着应付。不要急，也急不得。要冷静、冷静、再冷静，埋头实干，做好一件事，我们自己的事。”这段话连用了三个四字短语，高度概括了我们对国际局势的态度。

邓小平在会见英国首相撒切尔夫人的谈话时说：“主权问题不是一个可以讨论的问题……如果不收回，就意味着中国政府是晚清政府，中国领导人是李鸿章。”

邓小平将当年的游击队脱离群众的行为比喻为“裸体跳舞”，他把改革开放要敢于探索比喻为“摸着石头过河”，把精简机构比喻为“拆庙搬菩萨”。

老一辈革命家的讲话、报告之所以这样准确、鲜明、生动，重要的是平时读书学习的结果。知识越丰富，想象力就越丰富，语言也就越丰富，同时是向群众、向实践学习的结果。生动形象的语言，总是存在于群众之中。邓小平就曾说过，他说的许多俗语就是从群众中学来的。讲话或作报告朴素、生动、亲切、感人，是群众观念的体现，心里有群众，就会注意用群众语言说话，所讲的道理就是通俗易懂的。

习近平总书记喜欢脱稿讲话，有时还会讲些故事。他的讲话平易近人、逻辑清晰，经常以朴实无华的大白话讲出大道理。他既是讲好故事的积极倡导者，更是讲好故事的成功实践者。在内政和外交的诸多场合，他都在通过讲述形象贴切的故事，鲜明生动地传达着自己的思想感情。有媒体在评价习近平总书记的语言风格时说：“他善于用讲故事的表达同频共振、凝聚共识；用讲故事的语气娓娓道来、触及心灵。”

党的十八大后不久，习近平总书记率领新一届中央领导集体参观《复兴之路》展览。习近平总书记结合展览，在脱稿讲话中，用“雄关漫道真如铁”“人间正道是沧桑”和“长风破浪会有时”形容中华民族的昨天、今天和明天，首次提出了实现中华民族伟大复兴的中国梦。

当时，美国克莱蒙研究所研究员林长盛评论：“习近平讲话真有点黄土地的风格，非常坦率，让一般老百姓听得很懂，没有那些大话、官话、空话、虚话，这一方面反映出他个人的风格，未来也会反映出他执政的风格。”

脱稿讲话，考验的是一个人对真实情况的掌握程度，体现的是一个人的工作态度。十八大以来，中央多次提出改会风、改文风，要求“不准念稿”。习近平总书记率先垂范，以朴实勤勉的实干精神做出了表率。

群众认识领导，往往是从听领导讲话开始的；群众了解领导，更多是从听领导讲话进行的。

讲话水平高，符合时代发展要求，体现领导者具备一定的政治思想水平和政策水平；符合当地实际情况，体现领导者具备一定的组织协调能力和创新能力；能够解决群众实际困难，体现领导者具备良好的思想作风和工作作风；能够激发和调动群众积极性，体现领导者具备良好的人格魅力和形象。这样的领导，群众一定会从内心佩服和称赞。

一个拥有较高认知水平的领导，在讲话中一定能够敏锐地发现问题，尖锐、鲜明地提出问题。他们往往对客观事物中的问题有敏锐的“触角”，有深厚的洞察力。他们能在众多复杂的社会现象中发现问题，并且敢于旗帜鲜明地表述自己的观点，阐发自己的观点，有针对性地指出问题的实质，发前人所未发，言前人所未言，提出的问题发人深省，超前意识强，具有强烈的思想性。这样的领导无疑是认知水平较高，能够高瞻远瞩、把握全局的领导，增强听众对领导的信服力。

一个领导良好的思维能力，也体现在他的讲话水平上。领导讲话就是要把话说到点子上，一针见血，而不是在那儿泛泛而谈却说不出个所以然来。领导讲话在针对问题的时候，要把怎么办说清楚，使听的人完全意会，并且要有很强的可操作性。这些都能够直接体现领导的思想理论功底、政策水平、逻辑思维能力。优秀的领导者能够透过事物现象看到本质，一针见血地指出问题，然后清楚地提出解决问题的方法。

一个拥有较高的讲话水平的领导，工作和事业更是如鱼得水，如虎添翼。甚至有人说，谁掌握了讲话艺术谁就拿到了走向成功的护照。作为领导者，担负着发动群众、宣传群众、教育群众的任务，实现这些职能的一个重要手段，就是发表讲话。从某种程度上说，“讲”得如何，直接影响到职能发挥的好坏。在工作和事业上，作为领导，会讲话，可以充分利用自己的语言交际能力来说服他人，使工作顺利进行，达到目的。不会讲话，有些简单的事也可能会处理得很复杂，何况还要依靠语言去分配工作、维护形象、树立权威等。由此可见，会讲话是领导者的一种领导资本，不会讲话对领导者来说就像一场灾难。

口才训练大师卡耐基强调：“一个人的成功，只有 15% 归功于他的专业知识，还有 85% 归功于他表达思想、领导他人及唤起他人热情的能力，即其驾驭语言的口语表达能力。”而领导者讲话水平直接体现领导者的认知水平和思维能力。

二、脱稿讲话是对新时代领导者的要求

领导者是社会活动的指挥者、管理者、组织者。随着社会的进步，特别是现代传媒技术的飞速发展，当今领导者的指挥、管理、组织和

操作，在很大程度上是通过会议讲话、谈话、发言、讲演、汇报等口头语言这一形式来实现的。能写善讲，不仅可以使领导者的思想水平、政治素质、学识素养得到更好的体现，也可以使党的路线方针政策得到更好的贯彻执行，保证各项工作的顺利完成。能写善讲，对于改善和加强领导工作，推动各项工作开展，塑造良好的领导形象等，都具有重要的意义。

能写善讲，是党和人民对领导干部的要求。早在战争年代，我们党就向领导干部发出了“要学会亲自动手写文章”的号召。毛泽东曾经指出：“一个革命干部，必须能看能写。”邓小平也要求“领导干部要学会拿笔杆”，“凡不会写的要学会写，能写而不精的要慢慢地精”。1981 年 5 月 7 日，中央专门下发《中共中央关于各级领导干部要亲自动手起草重要文件，不要一切由秘书代劳的指示》，指出：“目前也有一些领导干部，工作不动脑筋，整天忙于批条子，应付门市，他们不仅在准备自己领导范围内的重要文件时不动手，并且连自己的讲话、报告以及日常工作的指示也不动脑，不动手，不提出基本的思想内容，一切由秘书或别人代劳。他们这样做，实际上是放弃了自己的领导责任，严重地损坏了党的领导作用和领导威信。”“领导干部必须亲自动手准备自己的重要讲话、报告，亲自指导、主持自己领导范围内的重要文件的起草，否则他对自己所领导的主要工作就不能担负起政治责任。这是一个重大原则问题。”可见，领导者能写善讲，是非常重要的政治问题。

领导者能写善讲，有利于全面准确地传达上级精神、部署落实工作。

语言是社会活动中人际交往的工具。领导是社会活动的组织者和指挥者。无论今后社会如何发展，都需要通过领导讲话来组织动员干部群众，统一思想认识，传递信息，部署工作，解决问题，沟通情况。其中，传递信息，部署工作，是领导讲话的最大功能和作用，即通过领导讲话来传递党的路线方针政策和上级会议精神等信息，结合本地实际，把上级部署的各项工作落到实处。

领导者能写善讲，有利于以言传道育人，加强和改进思想政治工作。重视思想政治教育，是中国共产党的传统和优势。在改革开放和现代化建设中，每个领导者都要继续拿起这个武器。以言传道，以言育人，是领导讲话的重要功能。好的讲话，往往都有正确的主题，充分的说理，深刻的分析，严密的论证，把道理阐述得明白透彻，富有理论性、政治性、思想性、哲理性，令人信服，具有较强的感染力、号召力，使听众受到感动、鼓舞和振奋，从而达到思想政治教育的目的。没有思想的讲话，空洞无物；没有哲理的发言，苍白无力。在现实中，我们可以看到，一些领导讲话写得好、讲得好，他们说的话很中听，群众爱听，能把群众的积极性极大地调动起来，能化解矛盾，保持社会稳定，把各项工作搞得红红火火。

领导者能写善讲，有利于进一步密切党群干群关系，团结人民群众。深入基层，深入群众，到群众中去，与群众交谈，用语言的形式与群众联系，与群众沟通，倾听群众意见，是我们党的优良传统和作风。领导者能写善讲，可以使广大群众深深感到党和国家的关怀，掌握和贯彻落实党的路线方针政策，理解党委的决策和工作部署，进一步密切党群、干群关系。建设有中国特色的社会主义事业是空前伟大的事业，面对新形势新任务，需要我们宣传群众，教育群众，鼓舞群众，团结和带领群众，与群众同心同德，共同奋斗。领导者能写善讲，可以增强权威性、号召性，提高可信度、感染力，可以最大限度地把群众动员起来，团结起来，组织起来，增强凝聚力和向心力。

领导者能写善讲，有利于展示才华、树立良好形象、加快成长。具有良好的形象，是干部赢得人心，树立权威，增强感召力和向心力，做好领导工作的重要条件。良好的形象主要是通过讲话和实际行动表现出来的。一个高素质的领导者，我们可以从他严谨的讲话、风趣的演讲、犀利的谈判、从容的谈笑中，体会到他的政治观点、理论思维、文化素质、领导能力、眼界胸襟甚至艺术修养，看得到他在胸怀、机智、气质、品格和语言等方面所展示的风采和魅力，反映出一个地方、单位的精神和形象。能写善讲，对塑造领导者的良好形象、提高领导者的权威和威信十分重要。

总之，能写善讲，是对现代领导者的基本要求，是做一个优秀领导者的最重要条件之一。领导者一言一行对党的工作、个人的形象都有较大影响，领导者要充分认识脱稿讲话的重要性，高度重视自己的每一席谈话、每一个发言、每一次报告、每一场演讲，努力学习，勇于实践，切实提高讲话水平。

三、脱稿讲话要搞清楚的六个问题

领导讲话，是在一定的时机和场合用以表明个人或组织的主张、见解、要求所作的讲话。因此，首先要弄清楚以下六个问题，才能讲出群众喜爱的话。

（一）谁来讲

在某些场合，由谁来讲话，是有讲究的，不是你想讲就讲，不想讲就不讲。

由于领导的年龄、资历、职务、岗位、性别有别，讲话稿的内容、口气、表达方式和要求也必然有所区别。因而，领导者要学会站在不同领导的位置上，讲出个性风格来，讲出职务特点来，讲出岗位要求来。

一般来说，行政领导的作风雷厉风行，讲话语言要干净利落；党委领导说话讲究沉稳严谨，讲话的理论性、思想性要强一些。

年龄大、资历深的领导在单位一般具有较高的威信，讲话言辞可以严肃一点，口气不妨强硬一点；年纪轻、资历浅的领导一般比较谦逊，讲话语气要平和，最好不用强硬口气，指出问题或批评人时更应注意使用大家易接受的语言。

出身“老基层”的领导比较熟悉基层情况，经验丰富，讲话要多用事实说话，特别要多讲一些熟悉的基层情况；出身“老机关”的领导因长期从事机关工作，对讲话稿的写作很内行，讲话观点鲜明、结构合理、材料恰当、事例典型、语言准确、文字流畅。

一般说来，最后一位讲话者，是最重要的。因而，讲话的准备就必须更加充分。

（二）以什么身份讲

领导在不同的场合代表的身份不一样，站的位置不同，工作责任、权力不同，讲话的思维视角和逻辑起点也不一样。因而，讲话内容也应随其所代表身份的不同而有所变化。

省以上高层领导，高瞻远瞩，着重从宏观上观察问题，从全局上思考问题，从大政方针政策上决定问题，因此其讲话的政治性、政策性、思想性也就更强。

处于基层一级的领导受职责和视野的局限，则着重从微观的、局部的角度思考问题，工作主要从贯彻和落实上下功夫，特别到了乡一级，务虚的东西不能太多。

当然，宏观与微观，全局与局部都是相对的。县、乡同样有宏观、全局的东西要筹划、运作，省、市同样有具体的工作要贯彻、落实。虚与实是紧密结合的，不能截然分开，只是侧重点不同而已。

另外，同一级别，党政不同，讲话的视角也不一样。党委主要是管方向、出主意、用干部，不能包办政府的具体事务。因此，党委主要负责人特别是书记的讲话要站得很高，着重从思想、政治、方向、政策上考虑问题，提纲挈领地讲战略性、整体性的思路，对具体工作的安排不必讲得很细。而政府领导的讲话，就应该侧重于讲工作的具体部署和计划安排、如何贯彻落实等具体工作内容。

如果是以党内职务身份在党的会议上讲话，就要充分体现宏观把握和指导的原则，主题要集中，不能铺得太开，可以多说一些原则性的“大话”，多列举一些对单位建设和发展有影响的“大事”。

如果是以行政职务身份在行政会议上讲话，就不能大而化之，而要事先对讲话涉及的事项做充分调查，认真分析研究，做到讲情况有具体事例，讲问题击中要害，讲原因有具体分析，讲对策有可行方法，提要求责任明确。

如果是以下级身份向上级领导汇报工作，要仔细了解和掌握会议的有关文件精神、参加人员及中心议题等，汇报时要简洁明了、高度概括，不可长篇大论、旁征博引，时间也要根据情况有所限制；如果是以朋友身份对来宾讲话，就不能拘谨严肃，而要既热情洋溢体现诚意，又轻松活泼不落俗套。

另外，需要弄清是代表个人讲还是代表组织讲，代表个人就要体现个人的友谊和感情，代表组织就要体现组织的关怀和爱护，让人始终有一种“温暖”的感觉。

（三）对谁讲

领导讲话的对象是在场的听众，因听众在文化程度、理解能力和身份、职务等方面存在差别，因此，对不同听众讲话也应有所不同。

针对听众的年龄、职业、受教育程度等特点组织讲话内容，不仅是领导讲话的基本要求，也是我们平时与人进行语言交流的基本标准。

毛泽东在《反对党八股》一文中指出："要想一想自己的文章、演说、谈话、写字是给什么人看、给什么人听的。"要对听众进行调查研究，不仅要了解他们的年龄职业、受教育程度等个人信息，更要了解他们所关心的问题，所惯用的思维方式，所喜闻乐见的语言表达形式，有针对性地组织讲话的内容和表达方式，以最大限度地引起听众心中的共鸣，更好地实现宣传政策、凝聚人心的目的。

对思想水平不高、理解能力不足的听众讲话，脱稿讲话要尽量使用常用词，句子结构要简单，千万不可咬文嚼字。反之，对思想水平高、知识较为渊博的听众讲话，脱稿讲话就要特别注意文字的修饰和润色，对所讲的问题要有深刻分析和理论阐述，还可以引用名人轶事、箴言警句等。

无论哪个层次的听众都希望讲话有新鲜的内容，有新思想、新观点、新信息和新知识、新理论，给人以耳目一新的感觉。这就要求讲话者不仅要熟悉实际情况，还要善于文字表达，并且具有一定的语言表达能力。

（四）什么时候讲

即使是同一主题，领导讲话时间不同，要求也不一样。

出席一场会议，有时领导是在开头讲话，如致开幕词，有时领导是在会议结束时讲话，如作会议总结，不同的会议阶段讲话的侧重点也不一样。

一般来讲，一项工作的开始，领导讲话应重于发动，精于布置，思想认识讲深讲透，计划安排有条有理，工作要求明明白白。工作进行之中，应着重于检查、督促、落实，解决实践中的新矛盾和新问题，推动工作前进。到了工作的结尾阶段，则重点在于补充、完善，巩固已有的成果，总结经验教训，从中找出规律性的东西，为其他工作提供借鉴。

比如，调研开始时的讲话与结束时的讲话就不一样。开始时需要讲目的、任务和指导思想，讲需要做哪些工作、有什么要求，讲得越细越好；结束时则侧重于对所做工作进行讲评，重点是对存在的问题进行梳理分析，多讲对策办法，多提指导性意见。

白天讲和晚上讲也不一样。白天的会议一般是事先安排的，领导讲话可放开些，可以现场自由发挥；晚上的会议一般是紧急会议，讲话一定要简洁明了，切中要害，切不可拖泥带水。

（五）在什么场合讲

领导是在小型会议上讲话还是在大型会议上讲话，是在机关讲还是在基层讲，是礼节性讲话还是工作性讲话，场合不同对讲话的要求往往有所不同。

如果是礼节性讲话，其场合一般较为隆重喜庆，讲话内容通常是表示祝贺或祝愿，要做到语言热情、语调轻松；如果是工作性讲话，讲稿则要阐明会议的主旨，反映会议的中心议题或主要内容。

一般来说，领导在上级机关召开的会议上讲话，多为经验介绍、情况汇报和工作表态。讲话中要多讲一些有本单位特色的东西，多谈些工作中的新经验、新情况，以供上级决策参考，注意用语谦虚。在平行的兄弟单位之间交流会上讲话，注意平等、协商、沟通，不能有强加于人的内容，不能有下命令、发指示等居高临下的口气。如果是在自己的管辖范围内，就自己分管的工作讲话，则可以充分展开，注意系统性、理论性和可操作性，对于不同场合、不同对象，都应因地、因人、因时说话，切忌千篇一律。

（六）为什么要讲

就是要弄清楚讲话的目的。

领导讲话是表扬还是批评，是纠偏还是补救，是作指示还是总结工作，是礼仪性的应酬还是有实质性的意见，一定要心中有数，不偏离中心思想。

表扬性或批评性的讲话，要弄清表扬或批评对象的基本情况，表扬或批评要达到什么效果，应该学习借鉴的经验和教训是什么，等等；

纠偏或补救性的讲话，要弄清需要纠偏或补救的背景，对问题进行剖析，创造性地提出可操作性强的意见建议；指示性或总结工作的讲话，要先弄清相关的上级文件，相关单位有什么经验教训。掌握了这些，讲话才能达到“求之能给，问之能答，授以真知，解以真谛”的效果。

第 1 技：以定位精准指引人

脱稿讲话，有个“定位”问题。射箭是为了命中目标，讲话是为了指导工作。“定位不准，累死三军。”定位准确，弄清“谁来讲话”“在什么场合讲话”“话讲给谁听”，讲话就有针对性，否则，就会文不对题，讲不到点子上。如此，讲话就会失去意义，成为滋生形式主义、官僚主义的温床，就会损害领导干部形象。

找准方位，才能客观定位

俗话说：台上一分钟，台下十年功。衡量一篇领导讲话定位准不准，主观标准是领导的认可和听众的好评，客观标准是顺应形势、针砭时弊、符合实际。

一篇领导讲话之所以这样讲而不那样讲，之所以讲这样一个或几个问题而不讲其他问题，听众可能不太留意，讲话者却是用心良苦，一般都是经过调查研究、综合分析、反复论证才确定下来的。这个酝酿确定的基本方法，概括地讲就是在纵横坐标中寻找交会点，找准方位。

具体地说，当确定在某个场合讲话之后，首先要进行纵向、横向的思考分析。

所谓纵向分析，就是要切实弄清这个讲话面临着什么样的大背景、大环境，上级有哪些指示精神，上级领导已经讲到什么程度，下面的思想和工作实际情况如何，有哪些值得强调、提醒的问题，从上到下贯通起来琢磨，做到全局在胸。

所谓横向分析，就是要弄清同级其他单位是否开过类似的会议、有过类似的领导讲话，人家讲了些什么问题，讲到了什么程度，同时要清楚这次会议上本级其他领导是否也安排了讲话，拟讲些什么问题，对有关情况尽可能多地了解掌握，做到心中有数。然后，要把纵横两个方面的诸多情况综合、交会起来，从中选取和把握讲话的横截面、坐标点。

著名的《论持久战》是毛泽东 1938 年 5 月 26 日在延安抗日战争研究会上发表的讲演。当时正值抗日战争初期，日本侵略者气焰十分嚣张，我国大片国土沦陷。“身受战争灾难、为着自己民族的生存而奋斗的每一个中国人，无日不在渴望战争的胜利。”然而面对帝国主义的长驱直入，“于是失败主义的亡国论者跑出来向人们说：中国会亡，最后胜利不是中国的。某些性急的朋友也跑出来向人们说：中国很快就能战胜，无需乎费大力气”。这两种模糊认识，对夺取抗战的胜利都是十分有害的。为了破除亡国论和速胜论的影响，统一全党和全国人民的思想，毛泽东对抗日战争的发展趋势、对中国的前途命运、对夺取胜利的途径方法等一系列问题进行了全面分析。讲话的效果，就像大家在电影《地道战》中所看到的画面：饱经战争创伤、在敌强我弱形势下艰苦抗争的广大军民，读到《论持久战》后，就像“太阳出来照四方”一样，心里顿时亮堂起来。这篇讲话堪称把握大势、准确定位的经典之作。

注重站位，才能精确定位

脱稿讲话，一定要弄清讲话的场合和听众范围。

一般来讲，应处理好以下几种情况：

第一种是到上面开会、学习期间的讲话和发言，上级领导来检查工作时的汇报等。这样的讲话如果定位的话，主要是给人以启发，因为听众一般是小范围的，许多同志是带着问题来听你讲话的。这类讲话的关键是要有新的概括、新的见解，针对全局上存在的问题，拿出解决的办法，提出可行的建议。

第二种是在本级党委全会、扩大会和党代会上的讲话。通常的做法是，一位主要领导作工作报告，另一位主要领导讲话。如果给这类讲话定位，主要是给人以思想启迪，关键是围绕贯彻年度工作的指导思想和任务，讲明领导工作需要把握和注意的问题。

第三种是在工作会议上的讲话。像在基层工作会议、业务部门召开的会议上的讲话，像学习集训时的讲话，还有下基层检查工作后的讲话，都属于这一类。如果给这样的讲话定位，主要是给人以指导，要说明干什么、怎么干，使下面有所遵循，好抓落实。

第四种是在纪念会、表彰会、报告会上的讲话。这样的讲话，一般场面较大，听众较多，气氛比较热烈，主要讲给基层群众听，给人以鼓舞，体现号召力和感染力。

上述几种场合下的讲话定位，不是绝对的，是个大致的方向。

准确把握脱稿讲话的场合，在技巧上可以借鉴场景设置法，即在酝酿讲话基调和实际操作过程中，把讲话面对的场合和听众装在脑子里，摆在自己面前，设置一个恰如其分的场景和舞台把在什么场合下的讲话这一背景考虑进去，犹如身临其境。

明确地位，才能真正定位

高质量的脱稿讲话关键是能够拨动听者的心弦，引起同频共振。要想使讲话打动听众，引起共鸣，一个很重要的问题就是要明确听众的身份，琢磨听众的需求。

明确听众的身份，就是要在酝酿讲话的过程，始终瞄着听众，有的放矢。

琢磨听众，有时会遇到这样的情况，即一次讲话面对众多的听众，听众的职务、职业和需求不尽一致。这时候就要综合比较，合理取舍，从中确定基本的听众群，然后以这部分听众为主要对象，重点针对他们讲，讲给他们听，这样才能增强讲话的针对性和指导性。

那么，脱稿讲话需要注意一些什么问题呢？

一要有“内容”。脱稿讲话的时候，要善于在自己的讲话中渗透知识性、科学性、实质性的内容，讲话要既深刻又有力度，这样才能够给听众提供尽可能多的、有价值的信息，让听众感到“听有所获”，而不是觉得“白听了”。

二要与时俱进。脱稿讲话要洋溢着时代气息，不断吸取发展的、创造性的思想营养和语言营养成分，使语言充满生机和活力。领导者应该有卓越的见识、长远的眼光，要能够走在时代的最前面，高瞻远瞩地把握全局。

三要目的明确。坚持话由旨遣的原则，明确说话的目的，是讲话取得成功的首要条件。明确了目的，才知道应准备什么话题和资料，采取哪种语体风格，运用哪些技巧，从而有的放矢，临场应变。

四要说“明白话”。讲话要想让下属能够听得清楚、听得明白，就要尽量少用那些晦涩难懂的书面语，多使用一些通俗易懂的明白话。讲话时要语言通顺流畅、语气自然、节奏明快，让下属听起来轻松悦耳、心情舒畅。

职责不同，该讲的话就不一样；场合不同，想讲的话也有区别。因此，找准定位对于整个讲话至关重要。

第 2 技：以尊重听众走近人

无数的事实证明，成功的讲话总是以听众为中心的。因此，无论是起草讲话稿，还是脱稿讲话都要进入角色，也就是了解听众，尊重听众。

了解听众，需要从以下几方面进行准备：

1. 听众是谁？（年龄、性别、职业）

2. 他们为什么要听你讲话？

3. 他们喜欢什么？关心什么？

4. 他们有多关心你讲话的题目？

5. 怎么讲才能直接影响听众或者间接影响听众？

6. 我们可能说的哪些话题会让听众反感？如何让听众从反感变为接受？

我们对于听众的了解，百分之八十来源于前期的调查了解。因而，这项准备工作绝对不可忽略。

一般说来，年轻人比年长者更容易被说服，总体来说，当你面对年长者讲话时，更要准备充足，论点清晰，论据有力，这是由听众的人生阅历决定的。

再比如，女性偏多时，偏重美的体验和感情因素的讲话将更有效。

另外，在人生的不同节点，我们有不同的目标。30 岁以下的人更关注职业生涯，而 60 岁以上的人更关注健康养生。

当你的听众归属于某一个组织时，提前了解组织的基本信息、听众的共同使命，这样有助于你有的放矢；而当你的听众兼而有之的时候，你的讲话也要照顾到各层的听众，将素材准备多样化，有备无患。

话题密切，才能吸引关注

最成功的讲话，就是要充分了解听众、理解听众，讲跟听众密切相关的话题，讲听众最关注的话题。

2013 年 10 月 31 日，习近平总书记在中南海全国妇联新一届领导班子成员集体会议上发表的重要讲话，就有明显的听众特色。这是一次由特殊人群也是具有特殊工作性质的人组成的会议。我们看到，习近平总书记在这次会议上的讲话，“妇女”一词出现的频率相当高，讲话都是围绕妇女所关注、关心的问题而展开的。比如，“始终把广大妇女作为推动党和人民事业发展的重要力量，始终把妇女工作放在重要位置”，“实现党的十八大提出的目标任务，实现中华民族伟大复兴，是党和国家工作大局，也是当代中国妇女运动的时代主题”，“使我国亿万妇女肩负起更重要的责任担当”，“帮助广大妇女排忧解难”，“真心实意为广大妇女办事”等。在此次讲话中，“妇女”二字出现 33 次，讲话内容充分地体现出了参会人群的特色。

要找准最佳“结合点”。具体可以概括为三个字：一是“同”。领导讲话必须与上级的精神保持一致而不能脱离上级精神，对上级提出的思想和要求，一般不要随意变更，随便提口号；对上级一个时期强调较多的指示要求，要积极配合宣传，提出落实的标准和办法。二是“新”。不要机械地与上级精神“对表”，要在领会吃透的基础上，结合实际，探讨贯彻落实上级精神、指导单位建设的新思路、新办法。三是“慎”。对思想领域争议较大、比较复杂的问题，领导讲话尤其是导向性的讲话要谨慎表态，已经过时或因敏感而慎用的观点不宜重提。

要多了解风土人情。赞美当地人的勤劳勇敢精神，体现出他们为建设美好家园所付出的努力。这样的讲话，不管水平如何，至少听众会觉得：这个“高高在上”的领导干部，对我们这个“小”地方都比较了解。这样，听众就会对你有好感。

要多讲正面问题。作为领导者，去一个地方参加会议讲话，虽然解决问题是最重要的，但切忌一开口就讲“问题”，也不要只是简单地围绕哪一个方面去讲，要有对地方特色的总括性了解，且尽可能地讲一些正面性的话题，听众才会感兴趣。在引起听众感兴趣之后，再开始讲具体的工作任务、面临的问题与解决的方法。

顾及感受，才能引起共鸣

我国有“对牛弹琴”的典故。现实中，有些领导干部在开会讲话时，因为是脱稿讲话，离开了稿子的束缚，便思维奔泻，大谈自己感兴趣的话题、跟自己有关的话题，丝毫不顾及听众的感受。

顾及听众感受，要充分尊重听众。要明白，不管什么会议，听众是最主要的参与者，离开了听众，会议就毫无意义。会议，都是为听众而开的，是为了解决问题，而不是为了你这个领导。因此，在必要的时候，还可以跟听众互动，让听众参与。尤其是当听众提出问题时，要认真对待，能立即答复的就给予答复，不能立即答复的，也要作出合理的解释。

此外，对一个地方来说，各种年龄段、各种行业、各种性格的人都有，所以，领导要熟知当地的一些谈话禁忌，对这个地方可能产生“负面影响”的话，即使是当地耳熟能详的习俗俚语，也不能轻易讲。有些地方的习俗俚语，在当地人中传来传去，那是自我调侃，而你拿来在会上讲，就有可能被人视为“贬义”，是对当地人的一种贬低。

况且，时代的变化，也使得一些习俗俚语失去了原来的意味。有些俚语是几百年甚至上千年之前就有的，这是针对当时情形而说的。时过境迁，在人群大小规模的迁徙中，现在的人群早已不是原来的人群了，一些习俗俚语也就不一定完全合时宜了。

称呼得体，才能赢得欢迎

在脱稿讲话时，在称呼用语上一定要注意礼貌，尊重听众。

首先，称呼要全面。称呼要包括在座的每一位听众。如果情况允许，称呼最好细化，适当带上形容词，尤其是对一些重要的人，在提及他们名字的时候更要注意得体的称呼。

其次，称呼要有顺序。依据通常习惯，应该按先长后幼、先上后下、先重后轻、先女后男、先疏后亲、先宾后主的次序来进行称呼。

此外，在称呼的时候一定要注意一些问题：

不可随意用替代性称呼。比如在讲话的过程中有听众提问，我们请他回答时就不可以说“后排的”“穿蓝衣服的”，我们应该说“后排的那位先生，请您发言”，“穿蓝衣服的那位女士，请您发言”。

不要使用容易引起误会的称呼。比如“小”这个词语有时候有可爱之意，但有时候带有轻蔑、取笑的意味。

大家不熟悉的场合，简称不可以在第一次称呼时出现。比如，“各位来宾，以及今天的特别嘉宾——人大的李美凤同志、海淀区委的黄和敏同志，你们好！”这个开场简称是不符合规范的。

有一篇欢送老同志离退职休养的欢送词，全文可分为三部分。开头部分，对老同志的离退职休养表示欢送；主体部分，先是回顾了老同志在原来工作岗位上所做的贡献，并对老同志的能力表示赞许；结尾部分，对老同志表示了良好的祝愿。全文可以说是非常有针对性。

这里摘录如下：

今天，我们把各位请来，在这里举行座谈会。主要是对大家即将离退职休养表示欢送。

记得有人说过：童年是一幅画，少年是一个梦，青年是一首诗，中年是一篇散文，老年是一部哲学——由此，我衷心地祝贺各位老同志步入了哲学家的行列，并表示真诚的敬意！

在过去的岁月中，各位老同志为了我们学校的建设，呕心沥血，任劳任怨，洒下了辛勤的汗水，做出了无私的奉献。从你们的身上，我们学到了“不要人夸颜色好，只留清气满乾坤”的高尚品格；学到了“衣带渐宽终不悔，为伊消得人憔悴”的敬业精神；学到了“精诚所至，金石为开”的待人哲学；学到了“契机而运，拙法成巧”的处事艺术。我们为有你们这样的老同志而感到自豪！

在党和政府的关怀下，各位因为年老而即将光荣地离开自己的工作岗位，但年老并不仅仅意味着年纪大，更不能等于老朽无为。其实，年老更意味着经验和智慧、彻悟和超脱；更意味着人情练达和世事洞明。只要老骥志在千里，总是夕阳无限红！我坚信：有全体在职人员的勤奋开拓和努力进取，有各位老同志的支持，我们学校的明天一定更加辉煌！

最后，由衷地祝愿各位老同志身体健康，心情愉快，福如东海，寿比南山；祝愿城居者“心远地自偏”，乡居者“悠然见南山”！

第 3 技：以鲜明主题抓住人

主题，也叫主旨、观点，或叫中心思想。主题是讲话的灵魂，它决定讲话思想性的强弱，制约材料的取舍和组织，影响到论证方式和艺术调度。所以，领导讲话前首先要确定主题。

紧扣主题，才能突出中心

脱稿讲话的时候，虽然没有限定的范围，但主题不能随便定，一定要根据时代需求，要有时代特色，要符合时代潮流，要符合会议主旨，要与会议的中心议题相吻合，此外，还应该做到首尾呼应。

一是主题要具体实在管用。讲话要立足解决身边的实际问题。突出本地的特点，才能有的放矢，才能有针对性。

二是主题要新鲜新颖新奇。事物不断发展的过程，就是矛盾不断解决的过程。旧矛盾解决了，又会出现新矛盾，新矛盾解决了，还会出现更新的矛盾。在这一过程中，领导者的责任就是及时发现新矛盾，并带领人们去研究它、解决它，从而推动事业的发展。所以，讲话必须根据形势的发展变化，及时提出新问题，研究新问题，解决新问题。

要选择新角度。如果不同的讲话研究和解决的是同样的问题，那每篇讲话都要给自己的讲题选择一个不同于其他讲话的新角度，避免落入俗套。从客观上讲，许多问题是一个多棱体，可以从若干侧面去分析、研究、认识和解决，这就构成了我们选择新角度的客观基础；从主观上看，人们的思维方式、思维习惯具有很大的差异性，这又为我们选择新角度提供了主观可能性。既然如此，我们就应该利用客观条件，调动主观因素，同中求异，努力选出新角度，力求给人耳目一新的感觉。

要开掘新层次。不同的讲话如果研究同样的问题，每一讲话除去要选择新角度外，还要在纵向上深挖一步，使自己研究和解决的问题比别人深入一层，以深求新。

三是主题要客观科学恰当。要适应主题需要。内容的选择和确定，必须紧紧围绕主题，不管有多少具体的内容，都要紧紧拴在主题这条红线上。

要抓住主要矛盾。一篇讲话的容量总是有限的，它不可能把事物发展过程中的所有问题包揽进去，必须对纷繁复杂的客观事物认真分析，精心思考，去粗取精，去伪存真，分清主次，突出重点，抓住牵一发而动全身的主要矛盾和关键问题，不要贪多求全、面面俱到。

要符合群众意愿。领导是为群众服务的。领导讲话的内容，必须努力适应群众的心理和愿望，反映群众的呼声和要求。只有这样，才符合我们国家人民当家作主的社会本质，才符合我们党为人民服务的宗旨，才能受到群众欢迎，取得最好的效益。

要符合对象特点。内容的确定必须考虑讲话对象的身份特点，如职务、级别、行业、岗位等等，使之具有较强的针对性。不能用一篇讲话对付五行八作。

站在全局，才能凸显主题

提炼和确定讲话材料的主题，与其他材料有所不同，更要站在全局的角度思考问题。

领导者平时要注意对全局情况的学习、积累与掌握。平时多学习，勤思考，知识面就宽，视野就开阔，看问题、出思想，起点就高，就能够不断地了解全局、熟悉全局，实现由局部到全局的飞跃。

一要努力吃透上级的指示精神。要认真学习上级有关方面的文件，学习领导人有关方面的论述，特别是学习了解上级在这方面有什么新的指示、规定，有什么新的举措等等。

二要切实摸清单位的有关情况。如果对下边的情况心中无数，领会领导意图往往就容易原则来原则去，很难贴近实际，加以具体化，讲话也没血没肉，没有说服力，缺乏针对性、指导性。

三要学会“上情”与“下情”的结合。要对“上情”和“下情”进行思维上的“二次加工”，变成自己的思想，悟出独到的东西，这样在脱稿讲话时，就能扩展开来、飞跃起来。

画龙点睛，才能提炼主题

主题不存，公文无魂；主题突出，文稿有神。《出师表》之所以千年不衰，主要是它深蕴了“鞠躬尽瘁”的伟大精神；魏征的《谏太宗十思疏》之所以代代相传，就在于他提出了“居安思危”“戒奢以俭”“载舟覆舟”的精辟思想。毛泽东在解放战争时期写的《关于情况的通报》之所以载入史册，关键在于通过阐述各个战场的情况揭示了“政策和策略是党的生命”这一闪耀着马克思主义光芒的真理。

一是主题要有新意。讲话主题有新意，必须做到以下三点：其一，要具有“怀疑动机”，即敢于对人们“司空见惯”或认为“完美无缺”的事物或观点提出怀疑。其二，要具有“抗压性动机”，即力破陈规陋习，锐意进取，勇于革新。其三，要具有“自变性动机”，即能否定自己，打破自我框框。只有这样，才有可能提炼出新颖的讲话主题。

二是主题要突出一个重点。一场讲话的中心思想就像是一台机器的发动机一样，有了它才能带动机器正常运转。领导干部无论参与什么样的会议，脱稿讲话内容要有详有略，篇幅要有长有短，突出相应的重点，也就是讲话者所提出的主张。这样才能让听众易于把握重点。

如果是在讲话开始就提出了主张，把重点突出出来了，那么在接下来的讲话中要进一步加以详细阐述，以加深听众的印象，否则，会议开完了，听众也就忘了。

当然，一次讲话可能只围绕一个重点，但也可以从一个主重点中分化出几个次重点。在只讲述一个重点时，相对容易些，只要围绕主题尽情发挥就行。当有几个重点的时候，就一定要分清层次，一个重点集中在一个层次或一个段落。无论是只有一个重点，还是有几个重点的讲话，都必须围绕着主题组织展开，这样才能做到“形散而神不散”。

三是主题要切合听众心理。主题要有针对性，要能深刻影响听众，极大地感染听众。由于民族不同，性格各异，职业有别，年龄差距，以及生活环境和文化修养不同，讲话的听众存在着很大的心理差异、风格差异、感情差异等。因而，选题时应考虑不同类型听众的需要，根据不同民族、不同职业、不同层次的听众的知识水准、兴趣爱好、风俗习惯等来确定。

四是主题要体现时代精神。时代精神是社会进步的动力，讲话，应该是时代精神的鼓点和号角。讲话的目的在于宣传、教育、组织和激励群众。因此，选题一定要有时代意义，必须紧紧抓住人们普遍关心的问题，抓住社会现实中急需解决的问题。要讲出时代感，讲出新意，领导必须考虑讲话的场合、环境、现实状况，以及自己对该问题的历史、现状的了解程度，并给出科学的分析和解释，以符合历史发展的规律。即由表及里，摒弃表象，开掘事物本质，开掘事物的内在含义，反映事物的本质及其规律性，进而升华主题。

有些蕴含着深层意义的事实材料，不经点破，听众也许理解不透领导者所要表达的主旨，而一旦经过领导者的揭示与升华提炼，就如同在沙砾中发掘出闪亮的金子，在贝壳里发现晶莹的珍珠，催人感悟，发人深省。这种由外表行动或客观存在事实的叙述，升华为内在思想或深层含义的表达方法，就是由表及里升华主题的技巧。

五是主题要选择自己比较熟悉的材料。确立主题时，要选择自己比较熟悉，并且有条件、有把握讲好的题目。所谓自己熟悉的题目，是自己在某个领域某一个问题上经历了一番辛勤的劳动，进行过研究和探讨的。如亲自实践过，收集和整理了有关的资料，用心做过周密的思考，获得了一些独到的体会等。许多领导者的实践证明，选择自己比较熟悉的或是选择和自己的专业、知识面比较接近的题目，就容易讲得深、讲得透，讲出自己的风格。

第 4 技：以话题选择触动人

领导者无论出席什么会议，参加什么活动，都有随时讲话的机会，应该处处留心，全神贯注，及时了解和掌握会议和活动的主题、议程安排、参加人员，认真听取其他领导干部的讲话或发言，明确他们的思想和观点，并作认真思考，以便确立自己讲话的话题。

选准话题，才能自然深入

领导者讲话之前，首先要了解听众的情况：他们是什么人，他们的思想状况、文化程度、职业状况如何，他们所关心的问题是什么等等。掌握了听众的特征和心理，在此基础上确定话题，恰当地选择材料、组织材料，是讲话成功的必要条件。

一般来说，听众怀有浓厚兴趣的话题大多为以下几种类型：

一是满足求知欲的话题。人们对于陌生的知识领域或神秘不可及的事物总是充满了探索的欲望，于是便希望掌握各类知识，以解除内心的迷惘和困惑，充实和发展自己。这是人类生存的本能需要。

二是刺激好奇心的话题。每个人都有好奇心，我们可以通过各类趣闻、名人轶事、突发事件、科学幻想、传奇经历等内容来激发听众的好奇心。

三是与听众利益息息相关的话题。听众最关心的无非就是涉及自己切身利益的事情。因此，凡是关系到吃、穿、住、行等利益的讲话必定会受到欢迎。不过，高明的讲话者更应该具备把间接涉及听众利益的话题转化为与听众直接相关的话题的能力。

四是有关信仰和理想的话题。古今中外，人们都在为信仰和理想孜孜不倦地探索和追求着。因此，有关这方面的话题定能投大众所好，尤其是青年听众。但讲话的内容必须要有针对性、现实性和生动性，否则将不能引起听众的共鸣，也达不到讲话的目的。

五是娱乐性话题。平淡无奇或过于严肃沉闷的内容，不可能取得讲话的成功若能在讲话中穿插些幽默、笑话或娱乐性故事类的话题，就能在短时间内提起听众的兴趣，这种话题大多用于礼仪场合和出于交际的目的。

六是满足群众优越感的话题。讲话者应尽量掌握听众的基本情况，以便在讲话过程中穿插一些能满足听众优越感的话题，以期收到良好的效果。

七是与单位自身工作和个人思想有实际联系的话题等等。

选好话题，才能精准切入

讲话是对一个领导者的心理素质、应变能力、说话水平、文化修养等综合能力的一大考验。

因而，领导者要处处留心，全神贯注，及时了解和掌握会议主题，议程安排，参加人员；认真听取其他领导的讲话，明确他们的思想和观点，并作认真思考。

当然，有了思想准备，只是即席讲话的基础。选择话题很重要，恰当的话题是脱稿讲话成功的一半。

那么，怎样选择话题呢？

一是选择与主题相关的话题。在文物收藏家邓老先生的一次生日祝寿会上，一位领导干部作为老先生的朋友作了讲话：

今天，我要送给邓先生两句话："大德必寿，美意延年。"意思是说有高尚品德的人会得到长寿，心情愉快就能延年益寿。养生不仅仅是一种健身手段，更是一种人生哲学。邓先生平时自称是"五乐老人"，即助人为乐、知足常乐、自得其乐、与众同乐、苦中寻乐。我要说：您的"五乐"应当加上"一乐"——为善最乐，您是"六乐老人"！

这段讲话，考虑到在座的来宾多是文化界人士，有很多文物鉴藏家、教授和学者，故引用文言古语，彰显出浓厚的文化氛围，既切合了寿宴的主题——祝寿，又跳出了诸如"福如东海、寿比南山"的俗套，符合语言环境，应景又应人。

二是选择听众感兴趣的话题。讲话要尽量选那些与听众关系密切、听众熟悉、有一定新意、能给人以启发的内容作为话题。

一位退休干部，在一次座谈会中讲了这样一段话：

趁这次相聚的机会，我想提出十六个字，与大家共勉。这十六个字是：养心健体，继续学习，保持晚节，发挥余热……保持晚节，就是在老年阶段仍要重视气节、保持气节。有气节，就能坚持正义，不为恶势力所屈服。清末民初的林琴南说过："为人重晚节，行文看结穴。"晚节不保，是一个人最大的悲哀。要保持晚节，就要防止精神缺钙症，要培养无畏的精神。但对无畏要具体分析，有的人是无私无畏，有的人是无知无畏，有的人是无耻无畏！我们应该培养无私无畏的精神，克服无知无畏，反对无耻无畏……

这段话讲得比较长，其中最能打动人、最能给人以启发的，就是关于"三无畏"的这两句。因为适逢其时，该单位的群众纷纷议论本单位有个别领导干部如何如何以权谋私，胆大妄为。正所谓动人心者不需多，这两句话对尚未麻木的心灵无疑有一种震撼的力量。

三是选择自己熟悉的话题。围绕自己熟悉和体会比较深的话题讲话，能够有效地消除紧张的情绪，打开思路，激发讲话欲望，应付自如；能够准确地表达你的思想和观点，容易谈出深度、谈出新意。

四是选择与众不同的话题。要在仔细观察现场气氛、知己知彼的基础上确定一个好的话题，切忌把别人说过的话题拿来再说，力戒雷同，追求新意。做到这一点，关键是转换角度，提高层次，另辟蹊径。要从思想上站在圈外，纵观全局，仔细观察，再作决定。若先说，就要出奇制胜，先声夺人；若后讲，也要后发制人，道别人之未道，方显独到。至于先说还是后说，要根据现场而定。总之，要选择一个适当的角度、最佳的时机来展示自己。

在一次纪念活动会上，几十位年过古稀的老干部欢聚一堂，共叙半个世纪的酸甜苦辣。会上，一位老干部感慨万分地说：

旧时候，人们常说“人生如梦”，这不无道理。但我觉得，就我们这一代人来说，似乎以“人生如歌”来形容更为恰当一些。从总体上来说，我们已经历过悲歌、情歌、颂歌、战歌、凯歌、暮歌等阶段。唱悲歌而不消沉，唱情歌而不沉迷，唱颂歌而不盲从，唱战歌而不冒进，唱凯歌而不忘挫折，唱暮歌而不忘恩情。

这段话以“人生如歌”为话题，从悲歌、情歌、颂歌、战歌、凯歌一直讲到暮歌，串起了一生的经历、一生的感悟，表达了今后要继续唱好人生之歌的愿望和决心。“人生如歌”这个讲话既有了话题和主题，又有了整体的思路，不乏新意。

五是选择符合语言环境的话题。能“借题发挥”的事物很多，如时间、人名、地名、前者的讲话内容、会议的氛围、自然景物等，只要能生发新意，切合会议宗旨，都可以大胆地使用。

2007 年 10 月 28 日晚，第四届鲁迅文学奖颁奖典礼在鲁迅先生的故乡——浙江绍兴举行。中国作家协会主席铁凝有感而发，热情致辞。

她在讲话中是这样讲的：

一踏入鲁迅先生的故里，我就真切地感到文学的气场、气韵生动起来，鲜活起来。鲁迅先生的风骨，穿越了七十年的时光，在这个庄重而清明的夜晚，与我们每个人的内心相对。云山苍苍，江水泱泱；先生之风，山高水长……鲁迅文学奖给作家带来的，不仅是荣誉，更重要的是责任。我们相聚在这里，就是要继承鲁迅精神，积极履行人类灵魂工程师的职责。继承鲁迅精神，就是要像鲁迅先生那样心怀广大，致力于文学对社会现实的关怀与担当；就是要像鲁迅先生那样，用极富创造性的艺术形式表现一个时代、一个民族的精神品貌。因此，对我们来说，今天在这里，不是终点，而是一个新的起点。

铁凝首先真切地抒发了自己“一踏入鲁迅先生故里”的内心感受，接着诚挚地表达了对中国文学工作者的“满怀敬意”，继而深刻地阐述了文学的价值和鲁迅文学奖的意义，最后明确地指出了鲁迅文学奖给作家带来的“责任”，并号召大家“继承鲁迅精神”，从“新的起点”向前迈进。这些针对性很强的情理和事理材料，不仅切合了颁奖典礼的特定场合，而且突出了鲁迅文学奖的活动主题，给现场观众以思想的启发和精神的激励。

选好角度，才能巧妙引入

脱稿讲话中，要掌握进入话题的技巧，必须学会选好角度，巧妙引入。

较常见的话题引入和转换方式有以下几种：

一是承上启下。这种话题转换方式，在两个话题之间使用，起到过渡衔接的作用。这种话题转换方式常用于讲话内容较为简短、不太复杂的两个话题间。过渡得当有利于展现讲话者对讲话内容框架的精心安排，也有助于听众对讲话内容的理解。

二是循序渐进。这种话题引入的方式较为平缓，在真正话题揭开之前会有一番铺垫，适用于内容较长、较为复杂，不太能引起听众兴趣的讲话内容，此时采用开门见山的话题引入方式会显得突兀，可以考虑循序渐进，作适当的铺垫。循序渐进地引入话题能够保证话题自然展开，轻巧又富于情趣，容易引起听众的共鸣，所以使用较为普遍。

三是回顾引入。回顾式是指在讲话中，回顾听众比较熟悉的和较为亲切的人与事，以此展开话题。例如，习近平总书记在庆祝中国共产党成立 95 周年大会上的重要讲话中，站在历史与时代的高度，全面回顾了我们党 95 年来团结带领中国人民不懈奋斗所走过的波澜壮阔历史进程，歌颂了我们党的丰功伟绩和作出的伟大历史贡献，深刻阐明了近代以来我国社会发展的规律性认识、我们党的执政理念和执政方略……

再比如，习近平总书记在庆祝改革开放 40 周年大会上的讲话，深刻总结了改革开放 40 年来党和国家事业取得的伟大成就和宝贵经验，郑重宣示了改革开放只有进行时没有完成时、改革开放永远在路上的信心和决心，让人倍感振奋、倍受鼓舞、倍增信心。

四是列举案例。这是一种常用的话题引入方式，我们通常会从自己身边的实例或听众比较感兴趣的事情讲起，这样能够吊起大多数听众的胃口，引起听众的共鸣。当然，案例要准确（不可以是广为流传的谣言）、要典型（确保紧扣主题），避免用“据说、听说”之类的词语（有道听途说之嫌），结尾处再与案例相照应（产生此例引申、互相呼应的效果）。

五是推荐话题。有的讲话稿篇幅较长，讲起来较为烦琐，也容易跑题。这时候，可以采用推荐式将主题引出。在开头的设计上尽量巧妙，避免使用平铺直叙的开场，若能够将听众最感兴趣、最需要的内容先推荐出来，那么可以在短时间内引起听众的注意。推荐式话题的引入方式尽量要使用朴实、亲切、自然的语句，华而不实的泛美之词反而会有广告宣传的嫌疑。例如：“我在搞行政工作之前，从事医学研究工作。过去，我接到过一些听众朋友的来信，内容多是希望我推荐按摩治疗腰腿疼、腰椎病、颈椎病的方法，并询问我可否推荐一位医术高超、医德高尚的按摩师。‘推荐’一词非常恰当，如果要让我亲力亲为去医治，我还真怕心有余力不足。今天，我可以给大家推荐一位比我医技高明许多的青年女医师……”

六是制造话题。制造话题的时候要紧紧地围绕听众的兴趣点，说对方最感兴趣的话，谈对方最喜欢的事情，这样一来就能像“磁铁”一样，将听众的参与热情紧紧地吸附住，让听众积极地互动，提升气氛，达到最大的预期效果。因而，在脱稿讲话时，我们可以试着在话题中加入“听众元素”，比如在讲话中喊出听众的名字，介绍他们的经历以及成就或贡献，就会收到意想不到的效果。

七是开门见山。这是最简单的话题进入方式，其优点是单刀直入、简洁明了、直奔主题；其缺点是较为单调、没有悬念、欠缺生动性。这种方式适合于内容比较简单的话题或话题较多、安排较为紧凑的情况。

第 5 技：以谋篇布局充实人

脱稿讲话的谋篇布局非常重要。比如做衣服，没有衣料不行，但有了衣料，剪裁不好也不行，甚至会把衣料给毁掉了。无论是讲话还是起草讲话稿都一样，即使有了必要的材料，如果结构安排不好，仍然是一篇失败的讲话稿。

精心构思，方能别具匠心

曾国藩曾在《日记》中谈论文章时写道："古人之道，谋篇布势，是一段最大功夫。""谋篇布势"就是对文章进行结构的安排和布局，曾国藩认为这是写文章的"最大功夫"。

做过乾隆进士的清代诗人袁枚在《随园诗话》中说"着意画资妙选材，也须结构匠心裁"。在精妙选择题材的同时，在结构安排上要独具匠心，精心构思。

结构，即文章的组织方式和内部构造。安排结构的基本规律是材料与观点、论据与论证都要围绕主题进行，服从表达主题、突出主题、说明主题的需要，如同"轮辐向心"，像自行车的车条都连向车轴一样。

讲话稿结构的作用，就是把讲话稿中各个要素通过某种方式联系到一起，进行梳理，使之排列有序、主次分明，符合各个要素在讲话稿中发挥作用的需要，符合事物发展的一般规律，使之能在最佳位置，采取最佳方式发挥各自的作用。

结构是思路的反映。人们对客观事物的认识是有规律、有条理、有方向的连贯思维过程，而与此相适应，讲话稿的结构也是有规律、有条理、有一定走向的。从讲话稿结构的角度看，讲话稿的开头、结尾、层次、段落、过渡、照应等都是作者思路的连贯性、条理性和规律性的反映。结构是否清晰严密，取决于作者的思路是否清晰严密。只有思路严密清晰，讲话稿的结构才能完整、严密、清晰、有条理，主题才能得以准确地表达。

谋篇布局，把握要求设计

一篇讲话稿其实就是一个完整统一的有机体，所以结构中的各要素都必须相互联系、相互制约、相互依存，凡多余的、残缺的、支离破碎的成分都应当剔除。

讲话稿结构的基本要求是：

一是自然和谐。结构布局顺理成章，行止自如，没有人工雕琢的痕迹，更不是牵强附会地生拼硬凑。正如苏东坡说：“常行于所当行，常止于不可不止。”

二是完整圆和。结构布局匀称饱满、首尾圆合；讲话稿各部分内容充实、衔接紧密，没有七零八落、残缺不全的弊端。首先是要完整，讲话稿要做到开头部分、主体部分、结尾部分齐备，不可无故残缺，就是朱光潜先生所说的“有头有尾有中段”。其次是要饱满，讲话稿的各个部分要相对饱满，不能干瘪空洞，给人局部残损的感觉。再次是脉络畅通，贯穿首尾，如有文气不能串联的地方，形成脱节断气，也会影响讲话稿的圆满。这就是朱光潜先生说的“有一股生气贯注于全体”。

三是相互连贯。讲话稿的各个部分之间，在内容上要相互连贯，井然有序，在语言形式上要有紧密的衔接和合理的过渡。一篇讲话稿，不会是一个混沌的整体，必然是由若干层次构成的。开头、主体、结尾，就是讲话稿的三大层次。其中主体部分，通常也不会只有一个层次，而是由既互有区别又互有联系的几个部分组成。这些层次之间，不管是在内容上还是在文气上，都要有内在的联系。在外部的语言形式上，不管采用序号衔接还是采用自然过渡，也都必须自然流畅。

四是逻辑严谨。结构精严缜密，无懈可击。表现在讲话稿的内容上是严密的，没有挂一漏万、顾此失彼的情形；组织上是严密的，没有颠三倒四、破绽百出的现象；判断推理是严密的，没有以偏概全、自相矛盾的现象。讲话稿的各个部分之间有严密的逻辑联系，既不能前后内容互不相干，也不能前后内容相互矛盾。讲话稿的部分与部分之间，或呈现因果关系，或呈现主次关系，或呈现并列关系，或呈现表里关系，各部分互相弥补、互相协助，而不能互相矛盾、互相拆台。

五是整体统一。结构的形式和谐，脉络清楚，文气贯通，讲话稿浑然一体。要具有环环相扣、牵一发而动全身的特点。注意上下文要连成一体，讲话稿的各部分在内容上与脉络上要相互贯通，协调一致，从开头到主体，从主体到结尾之间，要有紧密的衔接和合理的过渡，自然形成一个整体。各部分之间不能出现前后内容互不相干或前后内容相互矛盾的现象，没有前后割裂之感，没有上下怪异之病。

结构设计，遵循基本原则

高度重视确立结构这一环节，主要应注意把握好以下几个方面：

一是遵从规律，顺理成章。安排结构必须正确反映客观事物的规律和内在联系。一切文章都是现实生活和客观规律的反映，现实生活和客观事物虽然曲折复杂，变化多端，但它们仍有其内在联系和固有规律。我们对这些"规律"和"联系"认识得越清楚、越透彻，反映起来就越清晰、越有层次。讲话稿的具体结构无论怎样变化，都必须遵循事物的发展规律和内部关系，"顺理"才能"成章"。

二是服从主题，服务主题。刘勰在《文心雕龙·附会》中指出："凡大体文章，类多支派，整派者依源，理枝者循干。是以附辞会义，务总纲领，驱万途于同归，贞百虑于一致；使众理虽繁，而无倒置之乖；群言虽多，而无棼丝之乱。"这里明确指出，为主题服务，既是安排结构的目的，也是安排结构的依据。

三是适应文体，把握特点。不同讲话稿都有各自不同的特点和作用，反映事物的角度、容量和表现形式等也都有所不同，也就必然体现出不同的框架和结构。

四是多姿多彩，富于变化。大千世界，变化无穷。各种事物千姿百态，各呈异彩。领导者在具体确立讲话稿结构时，从内容到形式，都应该有它的特点和个性。这正像世界上没有完全相同的树叶，没有两张完全相同的面孔一样，每篇讲话稿的结构也应是不可重复的。只有富于变化，讲话稿的结构才能出新、出奇。结构多姿多彩，才能更好地表达复杂的内容，更有吸引力。

科学组合，明确结构类型

从科学组合、合理结构的层面上看，领导讲话也有它的同一性，集中体现在：基本思路都是提出问题，分析问题，解决问题。常见的结构有：

一是横向并列，依次论述。这种结构各层次是“平起平坐”的，不存在谁主谁次、谁轻谁重的问题，都是直接对主题负责。这类结构，开头有一个昭示主题、总括全篇的“帽子”，然后在主题的统率下，平行地讲几个题目，每个题目相对独立地表达一个完整的意思，最后再收拢起来。这种结构涉及面大，思想容量也大，比较有条理，眉目清楚。但有时处理不好，会给人零碎和呆板的感觉。

二是层层递进，逻辑严密。这种结构也可称纵向掘进式。各层次，存在相互作用的逻辑关系，是循序渐进式地铺展开来的。讲话稿内容围绕一个主题思想，分成几个有递进关系的题目和层次，层层递进，深入开掘，最后集中到讲话的目的要求上来。如毛泽东于抗战初期在延安抗日战争研究会做的《论持久战》演讲，从“问题的提起”，层层阐述了21个问题，120多个条目，对为什么是持久战、如何坚持持久战等现实问题，进行了剥茧抽丝式的深入剖析。全文主体井然有序，纲目历历昭然。这种结构就是围绕中心思想，先讲“为什么”，再讲“是什么”，然后讲“怎么办”。动员部署类讲话多采用这种套路。

三是突出重点，附带内容。这种结构的层次有轻重和先后之分，把主要内容摆在突出位置，其余的作为附带或补充。比如一篇部署新一年经济工作的讲话，主要的层次排完之后，带上当前经济工作的几个具体问题：“第一，抓好春耕生产；第二，抓紧财政工作，确保实现‘开门红’；第三，关心群众生活，帮助灾民渡过春荒。”这些内容都很重要，但又不是全年经济工作的重点，所以列在后面来讲。

四是主层在前，次层在后。比如一篇布置农业和农村工作的讲话，优化产业结构、拓宽农民增收渠道、推进农业科技进步等作为主要层次，后边跟上几段谈改进工作方法、做好服务工作、减轻基层负担和农民负担等问题，这些内容就属于从属层次，为实现主要层次的目标任务提供保障和支持。

五是交互排序，抽出共性。这种结构，在各层次内容有所交叉的情况下，把其中的共性问题抽出来，集中成为另外的层次。比如某篇讲话部署乡镇企业、个体私营企业和二轻集体企业的发展问题，其中每个层次各有各的内容，但都涉及推进科技进步和搞活产品销售两方面的问题。这种情况下，与其按并列式方法每个都谈一遍，不如把这两方面内容集中起来，排在后面写，以免重复累赘。

六是先集中说，再分开说。这种结构也叫总分式排序法。即如某次招资现场会结束时的讲话，首先用一定篇幅肯定和总结这个招商引资的好做法、好经验，从中可以得到什么启示，然后再分出若干层次提任务、谈要求。有时，某篇讲话中的某一个问题带有纲领性、覆盖性，若单独列为一个层次，与其他层次又不是并列或递进关系，所以也把它放在前面单独写。

七是一以贯之，一气呵成。这种结构也可称一以贯之式。围绕一个主题，全文一贯到底，中间可不用序号、标题，而是以自然段划分来表达相对完整的独立的意思。这种结构适用于篇幅短小的讲话，在各类会议（活动）上的致辞、献辞、欢迎词，离、任职讲话等场合用。

八是板块组合，集中大气。这种结构也可称板块组合式。就是把需要表达的主要思想，集中地用数块把它讲完，再讲其他想说的。作者可以大刀阔斧，有话则长，无话则短，把最深刻、最重要的思想，集中而鲜明地凸显出来。板块组合虽然文字凝练，表述集中，也比较大气，但也有较大的难度。为了形成板块，就要在围绕主题、整体把握的基础上，学会“滚雪球”，把零碎的变成规整的，把杂乱的变成有序的一个个板块。这种结构比较适用于大型综合报告，一般性工作会议讲话用得较少。其通常做法是，将某个领域中的关键问题或某项工作中的关键环节“抽”出来，独立成一部分，依次阐述。相对于其他结构而言，板块结构比较单纯一些，听起来印象较深。

九是设问解答，扣人心弦。这种结构也称设问解答式。就是紧扣主题，提出若干个鲜明的问题，在逐一解答中表述思想观点。这种结构首先难在问题选择上，不但是立足主题的提问，而且是听众普遍感兴趣又存在认识差距的问题，甚至是似是而非的问题。解答这些问题，对指导工作、解决存在问题具有重要意义。设问对路，能激发起听众注意力；解答深透，会倍增讲话的感染力。因而，这是一种可以讲出新意的结构。

十是纵横交错，旁征博引。这种结构也可称纵横交错式。整篇讲话按照要说明的问题或事件的发展脉络，既考虑时间发展顺序，又兼顾空间关系的组合。既整体连贯，又有重点展开部分内容。总之，以讲话主题为轴心，多层次、多侧面、多角度地展开。这种写法看似自由，实则难度很大，因为纵横交错中有其内在的思想脉络和逻辑关系，处理不好，容易结构杂乱、重点不重。

文脉贯通，确保结构严谨

设计好讲话的结构，是讲话稿成败的关键。一篇好的讲话，不仅有精彩的开场白，首尾呼应，而且脉络清楚，结构严谨，无懈可击。

一是开头和结尾。讲话稿开头应做到：一要从讲话稿结构的全局出发，与下文衔接自然，格调一致；服从主题的需要，紧扣题意，尽快入题。二要新鲜、生动，富有吸引力，启发受众思考。三要言简意赅，凝练明晰，以较少的文字表达丰富、明确的内涵。

结尾，是讲话稿的收束段落。讲话稿结尾一般要与其开头相呼应。结尾要求自然、简练、直接，言止意尽，不需要留有弦外之音。结尾是讲话稿结构布局的一个重要组成部分。好的结尾可以起到或总结全文、深化主题，或反扣全文、深化理解，或首尾照应、揭示主题，或提出希望、鼓舞人心等作用。场合和主题、对象不同，其开头结尾亦有所不同。

二是观点和材料。要用观点统率材料，材料论证观点。讲话稿要对材料认真进行剪裁，取其最典型最能说明问题的部分来论证观点；对材料要进行分析，从分析中揭示出材料与观点的内在联系。论证的方法有分析、综合、演绎、归纳等，要根据不同的观点和材料选用不同的论证方法，不要通篇都用一种方法，使讲话稿没有变化；也不要平均用力，对重要的或新的观点多下些功夫，一般的观点简要论证或不论证。实际上许多讲话稿只讲观点，只讲怎么做，不过多讲为什么这样做，这并不意味着收集与整理材料白费了，因为观点必须建立在材料之上，观点的背后必须有材料支持，材料已经发挥了作用，只不过没在讲话稿中显示罢了。

三是层次和段落。讲话稿结构最基本的要求是做到层次清晰、段落分明。

层次，指讲话稿的逻辑组成次序，也就是讲话稿各部分内容表现的次序。层次又叫“部分”“大段”或“意义段”，层次的基本类型及划分方法有：

纵向层次。它是指讲话稿的层次以纵向形式展开，通常有以下几种：一是按公务活动发展的时间为序。即按照公务活动由先到后实施的时间顺序来划分层次，大多用于叙述人物经历或事件发生、发展的过程，以时间为“中心线”进行叙述。二是以认识过程为序。这是沿着领导者思想认识的发展过程来安排层次。它是领导者在掌握了客观事实材料后，按照科学的“思维线”和特定的写作方法来进行的。三是以逐层深入的论证为序。这种层次划分首先是提出观点和问题，然后分别举出事例，围绕中心论点或问题逐层深入地论证，最后达到问题的解决。

横向层次。指讲话稿的层次以公务活动发展的空间地点的变换或以事物不同性质的分类来展开。常见的有以下两种方法：一是以空间地点的变换为序。这是一种主要以空间方位的变换划分层次的方法，大多用于叙述事物空间分布（事件发生前后的地点、环境、建筑物等），说明事物的形态、构造。二是以材料性质的分类划分层次，即将众多的材料按性质分类，相同的归在一个层次里，这类讲话稿层次间的关系是并列式的。

纵横向层次，或叫综合式层次。指讲话稿的层次以纵向和横向相结合的形式展开。这种划分层次的方法，是以时间推移为序，从纵的方向划分层次，把事件的发生、经过和结果告诉听众，又以空间方位的转换为序，从横的方向划分层次，把同一时间、不同地点发生的各种事情告诉听众。

段落，是讲话稿结构的基本构成单位，又称自然段。其作用是表达思维进程中的间歇、转折。一个段落一般表达一个意思，并尽量把一个意思在一个段落中表达完毕。划分好段落，一是能逻辑地表现公文的层次，使讲话稿的脉络清晰；二是能起某种强调作用，引起读者的注意；三是能使讲话稿眉目清楚，有行有止，便于读者阅读、思索和理解。

划分讲话稿段落要求做到：单一、完整、清楚、长短适度。讲话稿的层次和段落之间是密切联系的。多数情况下，段落要小于层次，一个层次由两个或两个以上的段落组成，共同表达一个层次的意义。但有时一个段落就是一个层次，独立地表达一定意义。个别情况下，段落大于层次，如篇段合一式的段落就是如此。在安排讲话稿的段落、层次时应根据实际需要灵活恰当地处理。

四是过渡和照应。作为讲话稿结构的内容之一，过渡和照应是使讲话稿上下文之间转换、衔接、贯通，以形成有机整体的重要手段。巧设过渡和照应，可使讲话稿结构严密、脉络通畅。

过渡，指讲话稿上下文之间的衔接和转换，具有承上启下的作用。它是连接层次、段落和语句之间的纽带。讲话稿正文中各个部分之间的过渡承转应该力求做到自然、流畅，这就需要用一定的方法来联系和衔接各个段落和层次，这就是过渡的安排。过渡安排的常用方法有选用过渡词、使用过渡句、插入过渡段等。

照应，是指讲话稿内容的前后呼应和关照。合理而巧妙地运用照应手段，能使讲话稿文脉贯通、章法灵活，还能使某些关键内容得到强化。照应的常用方法有文题照应、首尾照应、前后照应等。

五是主次和详略。详讲，是指讲话稿中对那些最能说明问题、最能表现主题的地方用稍多的内容，表达得充分详尽。略写则是把讲话稿中的次要内容、分量较轻的材料讲得概括些、简短些。

主次，是讲话稿各部分内容在全文中所占的主要或者次要的地位和所起的作用。居于主要地位和发挥主要作用、分量重的部分为主，其余为辅。讲话稿应分清主次轻重，这样可以避免讲话稿平淡呆板，使讲话稿内容轻重分明，产生较强的跌宕起伏的表达效果。如果不明主次，不分轻重，讲话稿必定显得零乱芜杂。

详略，是讲话稿中哪些该详讲，哪些该略讲。讲话稿要讲究开阖自如，详略得当，以使讲话稿有疏有密，疏密相间，这样不仅能使主题突出，主次分明，而且还能使讲话稿错落有致，匀称和谐。详略安排的主要方法有：“点”详“面”略、“实”详“虚”略、“主”详“次”略、“新”详“旧”略等。

六是起承与转合。起与合，指的是讲话稿的开头与结尾；承与转，指的是文章内部的连接与过渡。

“起承转合”是讲话稿的基本技巧，过去八股文考试，讲究的是这四个字。起要开门见山、直奔主题，承要顺水推舟、自然平顺，转要见风使舵、力挽狂澜，合要水到渠成、干净利落。一般的讲话稿都有自己的行文套路，难度不是很大。只要多学习、多揣摩、多写作，是不难掌握的。值得注意的是，起承转合不仅仅体现在讲话稿的构架中，体现在段落与段落之间，还体现在句与句之间。

第 6 技：以逻辑严密叹服人

高水平的领导讲话，都讲究逻辑严密，条理清晰，环环相扣。领导者通过逻辑分析的方式，把自己讲话目的明明白白地表露出来，不仅有助于表达思想，论证观点，还可以提高识别和反驳谬论的能力。

逻辑严密，才能条理清楚

简单来说，讲话的逻辑表达只有两种方式，即总分总逻辑和线型逻辑。

总分总逻辑。这个非常简单。我们都读过《西游记》，全书从头到尾以西天取经为主线，这是总。然后，分写了唐僧、孙悟空、猪八戒、沙僧取经路上的 40 多个故事，历经八十一难，最后取到真经，回到总。

线型逻辑。这类逻辑比较多，主要有以下几种：

第一种：5W1H，用于讲故事，即时间、地点、人物、起因、经过、结果。

第二种：讲程序，今天我们要把大象放进冰箱里分三步，第一步，打开冰箱门；第二步，放进大象；第三步，关上冰箱门。

第三种：PEEP，用于演讲或写作文，通常用：①总述，②故事，③感悟或寓意，④总结。

第四种：讲道理，通常用 WHY、WHAT、HOW 逻辑，比如：为什么我们要学习商务礼仪？什么是商务礼仪？商务礼仪应该如何做？

第五种：讲东西或景物，主要是用我们的六种感觉：视觉、听觉、触觉、嗅觉、味觉、直觉（线型逻辑，从远到近的顺序）。

第六种：递进逻辑 ORID，焦点呈现法，（O 实践——客观事实，R 感受——客观反射，I 意义——事实分析，D 行动——基于事实的下一步行动），从感觉到计划的递进，即我看到了什么现象？这让我感觉到了什么？这让我领悟到了什么？未来我打算如何做？

另外，在语言的表达里，多说逻辑感强烈的词语，常用的逻辑表达方式如下：

要用序数词引导自己的思路。讲话内容要点，应按时间、空间、重要性等关系组织语言，分成第一、第二、第三，或首先、其次、最后等形式来讲。也可用问题、答案法（一问一答）或第 1、第 2、第 3（有序描述）进行，千万不要大段讲话没有分层，那样容易让人听晕。

也可以多用“因为……所以……”“只有……才……”和“如果……就……”等因果关系与条件关系句型，把你所要说的东西串联起来，也可用“之所以……是因为……”等因果关系的句型，具有连贯性才凸显逻辑性。

逻辑顺序，必须排列得当

具体来说，要把握好以下八种逻辑关系。

一是总分关系。也就是纲目关系，所谓纲举目张。好比树的主干与枝丫的关系，主干是统领枝丫的，两者不能平列更不能颠倒。

二是主次关系。也就是重点与一般的关系。它们之间本身并没有隶属关系，但相互之间联系密切，是影响与被影响的关系。要找出主要矛盾和矛盾的主要方面。

三是并列关系。相互之间不相隶属又相对独立的一种关系。这种关系出现的概率更高。

四是递进关系。这是同一种事物不同发展阶段的关系。时间上的递进：古代、近代、现代、当代；空间上的递进：国际、国内、本地；学习上的递进：武装头脑、指导实践、促进工作。递进关系，有时也是一种特殊的并列关系，如季节中的春、夏、秋、冬，人生中的幼年、少年、青年、中年、老年，这其中每一阶段可以说是并列的，但它们又是有秩序的，不可以随便打乱编排。

五是点面关系。面是由众多的点组成的，为了说明面的情况，我们可以用点的事情来作为例子。这一方法经常用，关键是“点”的选择必须与“面”是存在内在联系的，是可以做到以点带面的。

六是因果关系。事物之间存在必然的因与果的关系。揭示因果关系，可以增强文章的说服力和感染力。但这种关系不是人为制造出来的，而必须是客观存在的。它是文章内在逻辑关系的基础和核心，它有时需要明白指出，更多的时候体现在文章的整体构架和文字表述背后，而不必明白指出来。

七是定性与定量的关系。事物的发展有一个从量变到质变的过程。对一件事情的判断，定性的说服力总不如定量的大。定性是一种大体判断，定量则是一种精确判断。能定量说明的最好定量，但也不能绝对，数字要用得恰到好处，好钢用在刀刃上。

八是虚实关系。以虚带实，虚实结合。所谓虚，就是文章要有灵魂、高度有理论支撑；所谓实，就是文章要有数据、有案例、有事实支撑。虚实的比重取决于文章表达的需要，没有一定成规，但两者必须紧密配合，融为一体。

讲话稿的主体部分的内容有好几层，或者有好几部分，每个层次或部分都有相对完整的独立性，不同的层次或部分的意思不能基本相同，也不能部分相同。否则，就会出现前后重复的现象，既造成讲话的冗长、拖沓，也不便于听众理解。这就要求领导在讲话中对相同或相近的问题，要集中放在一个层次中讲，不要分散在几个层次中都说。

各层所表达的意思虽然不同，但都是在总论点或主旨统率下的层面，各个层面都是从不同的角度说明总论点或主旨的，不允许有与总论点或主旨相抵触、相矛盾的层面存在。后一层意思要比前一层意思向前发展，表现出一种由分析到综合、由现象到本质、由表及里、由近及远、渐进发展的逻辑关系。

时间循序，必须符合要求

时间循序是按照事理发展过程的先后来介绍某一事物的说明顺序，思考的时间顺序与写作的时间顺序是不同的。比如你说出了一个观点，需要讲述一个故事作为支撑。但是在思考故事的时候，你也许会先想故事的结果，再想故事为什么会发生，换句话说，也就是用一种倒叙的方式来想。

但是落实到构思讲话稿上，你会按照故事发生的时间顺序，从头到尾把故事的来龙去脉讲出来。这样一来，就实现了思考的时间顺序和讲话的时间顺序切换，这种自由的转换有利于构思脱稿讲话的思路。

按时间顺序来构思脱稿讲话的思路是一种不错的选择。当你需要向领导汇报一项工作方案时，以脱稿的方式给领导汇报，可以展现出你的工作态度和能力。

在脱稿讲话时，我们还可以把思考的思路写出来，然后仔细整理，做到写作和思考之间的自由切换，这样才能在正式讲话时思路清晰，表达流畅。

语言运用，确保精确贴切

脱稿讲话是一门语言的艺术，因此，讲话语言要运用得精确、贴切，即准确表达讲话者的意图，不能含糊其辞，让人有多种理解，更不能词不达意，造成思想混乱。

语言的准确运用，首先是指讲话者语言运用的条件限定，语言环境是否准确、恰当，所要阐述的内容是否可以在当时的场合讲。其次是指准确地使用语言。

所谓条件的限定，就是语言的运用是由各种特定的客观环境，以及由现场讲话的特定内容来决定的。任何一个领导，不仅在社会活动中有特定的地位，同时，他是一个现实的社会人，因此，他就需要运用语言来表达、反映自己的思想和意愿。但是，由于领导在社会活动中的特定地位，所以其语言表达，就不能是随心所欲的，需要由特定的客观环境以及特定的内容，来予以限制与决定其语言运用的范围。将环境与内容两个方面综合起来，就形成了讲话者被限定的语言运用场。

当语言运用场确定以后，就需要讲话者正确地使用语言。

要认识明确，对一种事物自己尚且不知其所以然，其语言的运用也必然暧昧不清；

要建立宏大的“词语库”，一个讲话者词语贫乏，语言单调，是不会受欢迎的；

语言要精练，即需要讲话者尽量使用言简意赅的词句，而准确地陈述出所要叙述的内容；

语言运用要有感情色彩，主要是指褒贬语词的正确使用；

对古语及国外的一些优秀语言的使用，可以更加丰富讲话的内容，增强吸引力。

说明问题，确保客观科学

讲话者在现场讲话时，与自己以外的个体、组织相接触时，所运用的主要手段是语言。讲话者在运用语言进行某些问题的交谈时，必须要准确地客观地科学地说明问题，要避免出现不知所云、不知所往的情况。

讲话者不论是主持会议，还是同下级讲话，都必须准确地把所要说明的问题“是什么”“为什么”“怎么办”说清楚。

领导在讲话的时候，应该以自己敏锐的眼光，开门见山，准确说出问题的关键所在，实事求是地分析问题，客观地指出符合实际的举措。

第 7 技：以思维规律说动人

讲话首先要严格遵循形式逻辑的基本规律。形式逻辑是研究思维形式及其规律的科学。思维形式是指人们思考问题时所用的概念、判断、推理。思维规律是讲话者在运用概念、判断、推理进行思维活动时必须遵守的规律。这些规律有同一思维规律、矛盾思维规律、排中思维规律、理由思维规律、发散思维规律。遵循这五个基本规律，是讲话具有严密思维逻辑性的总体表现和要求，必须贯穿于讲话的全过程，体现在讲话的每一个环节中。

求同存异，同一思维规律

一篇讲话中必须有一个确定的思想，这个思想是贯穿整篇讲话的中心，不准有另外的中心，否则就违反了同一思维规律。

讲话中运用同一思维规律要注意如下三个问题：

一是概念必须明确。在同一思维过程中所用概念要有确定的内容，也就是要有确定的内涵和外延。下面两个例子就犯了逻辑错误。

例 1. 某领导在一次会议上，要求领导干部要切实加强学习。他说：

“领导干部要切实加强对社会科学、哲学、政治经济学、历史学及社会主义市场经济知识的学习。”

例 2. 有人说：“管理很重要，管理水平的高低，是企业取得良好效益的重要条件。”

上述例 1 中，对社会科学、经济学的概念不明确。经济学、哲学、历史等都包含在社会科学的外延内，不能并用。社会主义市场经济知识也包含在政治经济学的外延之内，也不能并用。正确的表述方法应该是：“领导干部要切实加强对哲学、政治经济学、历史学等社会科学的学习，尤其要加强对社会主义市场经济知识的学习。”

例 2 的错误在于管理水平的高低，是取得良好效益的重要条件。就是说无论管理水平高还是低，都能取得好效益。这显然是不对的。正确的说法应该是：“提高管理水平，是企业取得良好效益的重要条件。”

二是不能随意转移讲话主题。讲话者在讲话时，一定要心中装着主题、想着主题，紧紧围绕主题讲。在围绕某一具体问题展开讲解时，也不能偏离大主题，既要放得开，又要收得拢。如在经济运行分析会上，讲话的重点应该是深刻分析经济运行中存在的突出困难和问题，造成的原因，今后应该采取什么对策加快经济发展。讲话中谈到经济数据不实、虚假现象严重、水分多的问题是可以的。假如你离开经济这个主体，对官僚主义、弄虚作假、报喜不报忧等问题进行痛斥，大谈其危害和表现，这恐怕就离题太远。听众的注意力就会被引到一些枝节问题上，影响讲话效果。

三是讲话中不要转移论题，偷换概念。概念和判断的确定性，是指在同一时间、同一关系下对同一对象来说的。

当有人说欧谛德谟说谎时，他狡辩地说："谁说谎，谁就是说不存在的东西；不存在的东西是无法说的，因此没有人说谎。"

欧谛德谟在这里是故意混淆了概念。他讲"谁说谎，谁就是说不存在的东西"，这个"不存在的东西"是指说谎者所说的话不符合事实，同实际的东西不相符合；而他讲"不存在的东西是无法说的，因此没有人说谎"，这里所说的"不存在的东西"则是指那种在世界上根本不存在的东西，因而在思维中也根本想象不到，当然也就无法加以述说的东西。前后两个"不存在的东西"所表达的是不同的概念。

前后一致，矛盾思维规律

矛盾思维规律要求在同一思维过程中，两个互相反对或互相矛盾的判断不能同时都真，其中至少有一个是假的，或两个都是假的。如果同时为真，则是自相矛盾。矛盾思维规律，要求在一篇讲话中所确定的思想必须首尾一贯、前后一致。

现实生活中，某些讲话者在讲话中经常犯自相矛盾的错误。

例 1. "如果大家都动手大搞卫生，那么我们的健康和疾病就有了保障。"

例 2. "我基本上完全同意他的意见。"

在例1中，“健康”与“疾病”是两个含义相反的概念，不可能同时有了保障，犯了自相矛盾的错误。

在例2中，“基本上”与“完全”是两个有着不同逻辑意义的词语。“基本上”具有“绝大部分但不完全”的含义。这句话表达了“我既不完全、但又完全同意他的意见”的意思，这就在同一思维过程中对同一对象作出了两个互相矛盾的断定。

在辩论中抓住对方言论中自相矛盾的地方予以驳斥，具有很强的说服力。

旗帜鲜明，排中思维规律

排中思维规律要求二者必居其一。在同一思维过程中，两个互相矛盾的判断不能同时都假，其中必有一个是真的。排中思维规律要求在讲话中表述的思想观点必须鲜明，是什么就是什么，肯定什么，反对什么，赞成什么，批评什么，必须旗帜鲜明，不能含糊其词。

例如，某单位在研究是否给某人纪律处分时，有位领导说：“我是不赞成给他处分的，但也不赞成不给他处分，我认为适当给予处分也是必要的。”这位领导的话显然违反了排中思维规律的要求。“赞成给他处分”与“赞成不给他处分”是两个相互矛盾的思想，对这两个相互矛盾的思想同时加以否定，既不赞成给他处分，也不赞成不给他处分，陷入了含糊其词的境地，让人无法琢磨，不知道他到底是什么态度。

言之有据，理由思维规律

充足理由思维规律要求在思维论证过程中，要确定一个判断是真的，必须要有充足的理由，即人们常说的言之有理，持之有据。

讲话者讲话贵在有理有据，提出一个观点后，要有大量的翔实的材料来论证，听后让人觉得很有说服力。

在讲话中运用充足理由思维规律，要求以事实为论据来为讲话主题服务。特别是运用的例子要真实、准确，经得起实践的检验和推敲，不能引用差不多、大概、可能之类的资料，特别是数据更要核准。

只有所用材料准确可靠，讲话才能做到事真、情真、理真，才能令人信服。如果你引用的资料被听众发现有失实或错误之处，那么你所使用的全部资料都将被听众怀疑，整个讲话也将被大打折扣。

有些讲话者讲话无内容、无观点、无新意，从根本上说是掌握材料少的缘故。没有翔实的材料，即使有华丽的辞藻，也会让人感到苍白无力。

讲话者讲话只有和群众有共鸣点，才能被群众所理解和接受。而与群众产生共鸣，就说明观点正确，论据充分，论证有力。

多维思考，发散思维规律

讲话不仅可以展示讲话者平日的知识水平，更是对其思维高度、广度、深度、速度、准度的测评。讲话者不妨从这“五度”上进行思维发散。

一是往高度上讲。给听众指示一个较高的理解标准。

二是往广度上讲。使得原本老生常谈的话题，显得思路开阔、环环相扣、新意迭出。

三是往深度上讲。透过现象看本质，由表及里，深刻剖析事物产生、发展的根本原因及潜在的、内部性的规律。它既可以从时间的角度，把事物放在过去、现在和将来的对比分析中，发现事物在不同阶段的特点和前后联系，以此来把握事物及其本质，也可以从空间的角度，剖析事物内部结构、挖掘深层次原因。

四是往速度（效率）上讲。在讲话中，我们需要注意详略得当，对一些事物之间的关系，如果较为复杂，不便阐述，可以用众所周知的关系来比拟形容，这样既避免了长篇大论的阐述，又能够提高讲话的速度，满足“当略则略”的要求，提高讲话的效率。

五是往准度上讲。讲话者的思维准度包括三个方面：一是能够准确地把握住问题是什么；二是能够针对问题给出清晰而有条理的答案；三是在表述过程中选择词语需要准确。如此一来，讲话者的表述既有重点，又有层次，同时体现了思维的严密性。

那么，如何发散自身的思维，去启发听众的想象呢？

用语言启发，用情境带动，以悬念设置，顺势展开想象。

善待突变，即席点拨。尽管我们在登上讲台前做了充分的准备，但是在讲话过程中仍然会出现一些意想不到的状况，讲话者面对这些“突变”应当善待，因为这些“突变”往往是听众丰富的想象、奇妙的发散性思维的结果。听众可能在一些环节上心存疑惑或有所感悟、思考，这时，讲话者应当在“第一时间”顺势展开。这些无法捕捉的变数正是讲话者发散思维的良机，恰当地利用发散思维，讲话者可以促使听众自发思考，双方若能耐心融合交汇，思维和感情的交锋定能够让讲话碰撞出意想不到的火花。

让思维展开联想，讲话才富于灵性。联想是打开思绪之门的一把金钥匙，更是发散思维的催化剂，恰当地使用联想，可以增强讲话的趣味性和悬念，激发听众的参与热情。

联想是一条无形的锁链，有丝丝缕缕联系的事物都能够被集结起来，从而达到一种由此及彼、从已知到未知的思维发散，在联想过程中能够创造性地产生一些新的感知、新的意象和新的观点，让讲话变得富有活跃性和灵动性。联想是人们开始思考的首要环节，当人体感官受到外部信息刺激，激活大脑的记忆模块，记忆发挥重组功能，将“储存库”中保存的一系列信息调动起来，就完成了重组的使命。

第 8 技：以精彩开头打动人

“良好的开端，是成功的一半。”讲话稿有一个引人入胜的开头，给人的印象是深刻的，有时甚至超过讲话的主体部分。因此，讲话必须重视开头，精心构思和组织好开头语，力争先声夺人，一开始就把听众吸引住。

开头精彩，演讲成功一半

好的开头语应该是开宗明义、短小精悍、简明扼要、开门见山、先声夺人，切忌平庸冗长，毫无特色。毛泽东曾指出：“一篇文章或一篇演说，如果是重要的带指导性质的，总得要提出一个什么问题接着加以分析，然后综合起来，指明问题的性质，给以解决的办法，这样，就不是形式主义的方法所能济事。”我们以会议报告为例，来讲一讲讲话开头的艺术。

开头语的主要任务是提出问题，说明会议的指导思想、任务，会议要研究、讨论、解决的问题。一般情况下，开头语主要考虑讲如下三个方面的情况：

一是说明会议是在什么情况下召开的，为什么召开，有什么意义，确定这个讲话有什么前景以及与讲话主题有重要关系的情况。二是揭示会议、讲话的主旨和任务，有的需要表明观点和态度，有的则在主体部分中表明。三是为什么确定这个主旨。

开头方法，多种多样多彩

讲话稿的开头方法，多种多样。下面，列举常见的开头方法，供大家参考。

①介绍背景开头法。即介绍一些与会议或讲话有关的情况或背景，以便听众了解问题来龙去脉，加深对讲话主旨的理解。

在讲话稿的开头先用一两句话介绍大会召开的背景，紧接着指出大会的主题。

自党的十五大以来的历次代表大会的报告都采用这种开头形式，受其影响各级党的代表大会报告的开头也广泛采用这种开头形式。

②提出问题开头法。即提出一个严重问题，引出悬念话题，吸引听众关注，引导听众思考。

这种开头方法，是首先提出当前面临的某个实际问题，紧接着作一回答。

这种开头形式紧扣讲话的中心，直接回答人们关切的问题，是一种开门见山、直奔主题的开头方法。

③制造悬念开头法。人们都有好奇的天性，一旦有了疑虑，非得探明究竟不可。为了激发起听众的强烈兴趣，可以使用悬念手法。在开场白中制造悬念，往往会收到奇效。

制造悬念不是故弄玄虚，适当的时候应解开悬念，使听众的好奇心得到满足，而且也使前后内容互相照应，结构浑然一体。

党的早期革命家彭湃当年在海陆丰从事农民工作，一次到乡场上准备向农民发表讲话。怎样才能吸引来去匆匆的农民呢？他想出了一个好主意。他站在一棵大榕树下，突然高声大喊："老虎来啦！老虎来啦！"人们信以为真，纷纷逃散。过了一会儿，才发现虚惊一场，于是都围上来责怪他。彭湃说："对不起，让大家受惊了。可我并没有神经病，那些官僚地主、土豪劣绅难道不是吃人的老虎吗？"接着，向大家宣讲革命道理。这次讲话后，该地的农运工作很快就开展起来。

④抒发感情开头法。即抒发情感，渲染气氛，用以营造讲话氛围。这类开头，比较适合于气氛宽松、热烈、亲切的会议。

针对不同的讲话场合和内容，抒发自己的激动之情，或对听众表达祝福之意，或对听众表示赞美之情，进而起到渲染气氛、拉近与听众距离的效果。

运用抒情开头法成功的关键是讲出真情实感，而不是抒虚情假意，不能装腔作势，不能盲目夸赞，更不能向听众献媚，给人以虚伪的感觉。

⑤回顾总结开头法。回顾会议，总结概括开头法，即对会议基本情况及其他同志的讲话进行简要回顾，把会议决定的重要事项、重要讲

话的内容，总结归纳为一段话，然后予以肯定作为讲话稿的开头。

这种开头方法也属于开门见山式的开头法，能帮助与会者回忆会议概况，加深对大会的印象，是一种较好的会议讲话稿的开头方法。因此，被许多大中型会议讲话稿所采用。

⑥目的动因开头法。点明目的，交代任务开头法，即通过讲明活动主要目的、阐述活动要达到的目标，然后提出要讲的话题。由会议目的牵出话题。如：为了深入开展严打斗争，维护社会稳定，保障改革开放和经济建设顺利进行，经县委同意，召开这次政治工作会议。

⑦特定时间开头法。交代时间，讲述事例开头法，通常讲述与本次讲话相关的发生在特定时间的事例，以引发听众的兴趣。交代时间，讲述事例，时间既可以是“年、月、日”具体的时间，也可以是“80周年、100周年”等特殊时间，如，“在新中国成立70周年纪念日即将来临之际……”等；事例既可以讲现实生活中的事例，也可以讲历史故事；所举事例既可简略，也可详细。如何举例要根据讲话的中心思想确定，只要能收到良好的效果，形式可灵活运用。

⑧任务交代开头法。交代任务开头法，即通过交代工作任务，然后提出要讲的话题。这类开头，即通过讲明会议的主要任务、主要目的或主题是什么，重要解决什么问题，达到什么效果，然后提出要讲的话题。

这一开头形式适用于部署动员类讲话稿的写作，运用中注意所提要求和交代任务要实事求是，扼要明确，力戒空话。

⑨承接评价开头法。这种方法常见于继一位领导讲话之后的又一位领导讲话。

这种开头方法承上启下，质朴平实，讲起来没有难度，比较适合于严肃、庄重的会议上的政论式讲话。

⑩引经据典开头法。引经据典，名言佳句开头法，即以警句、诗词、谚语、比喻、俗语等为题，说古论今，设置情境，引出讲话的主题。讲话稿运用这一开头方法，以引用名人名言开头为多，特别是引用革命导师、领袖人物、著名人士的话作为开头，也有的以格言佳句作开头。

⑪ 祝贺慰问开头法。一般纪念性的会议讲话，节日的祝词及各种代表大会的祝贺讲话等，开头一般是致以祝贺或慰问，即从赞扬或问候、感谢听众开始谈起。

⑫ 讲述故事开头法。用形象的语言讲述一个故事作为开场白，会引起听众的莫大兴趣。选择故事要遵循这样几个原则：要短小，不然成了故事会；要有意味，促人深思；要与讲话内容有关。

⑬ 幽默诙谐开头法。自嘲就是“自我开炮”，用在开场白里，目的是用诙谐的语言巧妙地自我介绍，这样会使听众倍感亲切，无形中缩短了与听众间的距离。

胡适在一次讲话时这样开头：我今天不是来向诸君作报告的，我是来“胡说”的，因为我姓胡。话音刚落，听众大笑。这个开场白既巧妙地介绍了自己，又体现了讲话者谦逊的修养，而且活跃了场上气氛，沟通了讲话者与听众的心理，一石三鸟，堪称一绝。

⑭ 奇谈妙论开头法。听众对平庸普通的论调都不屑一顾，置若罔闻，倘若发人未见，用别人意想不到的见解引出话题，造成“此言一出，举座皆惊”的艺术效果，会立即震撼听众，使他们急不可耐地听下去，这样就能达到吸引听众的目的。

有这样一个单位的年会，在结束的时候，主任起身为所有人致辞。他一开口就让人疑窦丛生——我原来想祝福大家一帆风顺，但仔细一想，这样说并不恰当。这句话把听众弄得丈二和尚摸不着头脑，大家屏声静气地听下去——说人生一帆风顺就如同祝某亲人永远健康一样，是一个美丽而又空洞的谎言。人生漫漫，必然会遇到许多艰难困苦，比如……最后得出结论：一帆风不顺的人生才是真实的人生，在逆风险浪中拼搏的人生才是最辉煌的人生。我祝大家奋力拼搏，在坎坷的征程中，用坚实有力的步伐创造我们单位美好的明天！

“一帆风顺”是常见的吉祥祝语，而讲话人偏偏反弹琵琶，从另一角度悟出了人生哲理。第一句话无异于平地惊雷，又宛若异峰突起，怎能不震撼人心？

需要注意的是，运用这种方式应掌握分寸，弄不好会变为哗众取宠，故作耸人之语。应结合听众心理、理解层次出奇制胜。再有，不能为了追求怪异而大发谬论、怪论，也不能生硬牵扯，胡乱升华。否则，极易引起听众的反感和厌倦。须知，无论多么新鲜的认识始终是建立在正确的主旨之上的。

⑮ 借题发挥开头法。往往一上台就开始正正经经地讲话，会给人

生硬突兀的感觉，让听众难以接受。

不妨以眼前人、事、景为话题，引申开去，把听众不知不觉地引入讲话之中。例如，可以谈会场布置，谈当时天气，谈此时心情，谈某个与会者形象……

借题发挥不是故意绕圈子，不能离题万里、漫无边际地东拉西扯，否则会冲淡主题，也使听众感到倦怠和不耐烦。讲话者必须心中有数，还应注意渲染的内容必须与主题互相辉映，浑然一体。

⑯ 开门见山开头法。即用高度凝练的语言，直接说明讲话缘由或直接揭示讲话的主题和观点，然后在主体部分展开论证和阐述。如：这次座谈会，重点谈经济工作。我对当前和今后经济工作中心若干问题，讲几点意见。这种开头方法，开宗明义，质朴平实，比较适合于严肃庄重的会议及政论式讲话。

⑰ 概括说明开头法。即把要讲的内容用几句话概括一下，说明为什么开会，为什么讲话，以及讲话要点，以引起听众的注意。如：同志们，元旦我在政协讲了大概一刻钟的话，××× 同志和其他同志要我向更多的同志谈一谈，作为大家一年工作的希望。既然大家希望讲一讲，我就讲一讲。我想讲三部分。第一部分，讲一讲 80 年代我们要做的三件大事和我们进入 80 年代的形势，主要是讲国内形势。第二部分，讲一讲实现四个现代化必须具备的四个前提。第三部分，讲一讲坚持党的领导，改善党的领导。

⑱ 赞扬赞美开头法。人们都有爱听赞扬性语言的心理。说几句让

听众感到舒服的话能收到奇功异效。讲话者在开场时说几句赞扬性的话，可以缩短与听众的感情距离。有位演讲者到宜城作演讲，开场白充满赞美之情：

有人问我，最喜欢哪一首民歌，我脱口而出：《回娘家》。是的，宜城是我的娘家，是我母亲的土地。我热爱宜城，也许首先是因为他们宜城人外表美。古代宜城有个大文学家叫做宋玉的写道："天下之美在楚国，楚国之美者在臣里，臣里之美者为臣东邻之女，臣东邻之女，增之一分则太长，减之一分则太短，施朱则太赤，著粉则太白。"宋玉说，天下最美的人是我家东边隔壁的那位姑娘，那位姑娘增一分就太高了，减一分又太矮了，抹点胭脂太红了，擦点粉又太白了。各位老乡，你们说我宜城美不美呀？（热烈鼓掌）

巧妙的引用，深情的赞美，一下子抓住了听众的心。接着他讲宜城人心灵如何美、家乡如何可爱，切入"爱家乡才能爱祖国，爱祖国就要投身改革大潮，创造有价值的人生"的主题，收到了良好的效果。

⑲ 新闻引用开头法。新闻式开场白，即一开讲就发布一条引人注目的新闻，吸引全场听众的高度注意。例如《人生的航线》的开头是这样的：

在 4 月 22 日的上午，一架飞机飞越过了台湾海峡。那是他，李大维，驾机起义，飞向祖国大陆，可是，时间仅隔 13 天，却有歹徒劫持中国民航飞机，强使其改变航向。蓝色的天空，划出两道方向不同的航线。我突然觉得，这航线不正是人生的航线吗？

在短短的 13 天内发生的两件事，当时不仅在国内，而且在国际上都是引人注目的重大新闻，听众自然急切地想听听演讲者究竟怎样评价它。但运用这种方式开场要注意两点：一是新闻必须真实可靠，切不可故弄玄虚，否则，愚弄听众只能引起反感；二是事件要新，不能用早已过时的“旧闻”充当新闻。

⑳ 道具展示开头法。道具式开场白，也叫“实物式开场白”，即开讲之前先展示某件实物，给听众以新鲜、形象的感觉，引起他们的注意，从而一下子抓住听众的注意力，收到意想不到的效果。

有位演讲者向数百名教师作一场题为《做教育改革弄潮儿》的演讲。一上台就展示出齐白石的名画《雏鸡》，当听众的目光全被吸引过来之后，他才开口：请看，在这幅一米多长、一尺来宽的画面上，齐白石先生只画了三只毛茸茸、憨乎乎的小鸡，其余处皆为空白，这些空白，给我们留下了无限广阔的想象和再创造的天地。看了这幅画，你是否会想到雏鸡会长成“一唱天下白”的雄鸡呢？你是否感到了春天的无限生命力呢？每个人可以根据自己的体验想象到很多很多——这就是“空白”的魅力。我们做教师的，能否都打破 45 分钟的“满堂灌”，也给学生留下一点回味和进行创造性思维的“空白”呢？

㉑ 模仿他人开头法。这种开头法就是，模仿某个人的语调或者动作姿态，使听众产生丰富的回忆和联想，有助于推动演讲的深入。

例如：大家还记得吗？1980 年 12 月，在香港伊丽莎白体举行的世界杯亚太区足球预选赛中，中国队 32 岁的足坛老将容志行（模仿宋世雄的音调），以其熟练、细腻、漂亮的盘带动作，晃过了对方三个后卫队员的拦截，在离对方禁区 15 米远处起脚射门！射出一个什么呢？射出了一个“足球热”。由于演讲者得惟妙惟肖，几乎能以假乱真，因此一下子就使全场的气氛活泼起来。

但运用模仿式开场白，要注意内容、场所、听众心理、民俗等因素的制约，还是要以讲为主、以演为辅，且适可而止，否则会让人觉得华而不实，产生逆反心理。

把握要求，力争统领全篇

开好头，要把握以下标准：

（1）开场白不能长。

（2）如果是稍长的讲话，应提前对讲话的主要内容作预告。

（3）许多人用过的套话不要再用。如“我没什么要讲的，只因为……”，“很不会讲话，可是……”其他陈词滥调也不要用。假如实在想不到更精彩的开场白，就以单刀直入开场，如：“我与大家谈谈……问题……”，“我赞成这样的说法，理由如下……”，“我不同意那样的观点，我有如下根据……”

（4）集中听众的注意力。至于使用什么样的方式由你自己决定。

（5）让听众了解你的讲话目的和内容。

（6）使听众对下文产生期待。以一个轻松的玩笑开头，然后进入陈述事实和理论论证部分，让听众将在这一过程中逐渐放松并开始认真倾听你的讲话。

（7）与听众建立互动联系。激起听众的兴趣，尽量使他们放松，完全投入你的讲话中。讲话不是催眠，你要主动与听众沟通。

（8）告诉听众你的讲话与他们之间的关系，使他们坚信会从你的讲话中受益。

（9）使听众意识到你是讲话的操控者，给予他们必要的指导。例如他们应该何时、怎样处理这些问题，对每个新问题进行必要的解释。

（10）与听众一道深入探讨可能存在的相关问题，赢得听众的支持。

开场白的方式多种多样，讲话者不应拘泥于某一种形式，而应充分利用自己的优势进行自我宣传。你还可以利用各种视觉和声音等辅助工具。你的话题不必受时间和空间的限制，你可以自由地在过去、现在和将来的时空中穿梭，当然这些应尽量控制在简短的篇幅中。你可以从任何相关的背景中提取资源。总之，针对不同的听众你可以相应调整、修剪自己的信息。

不宜使用的开场方式：

（1）不要一开场就反复述说讲话题目和内容。这段时间是你激发听众兴趣、制造悬念的阶段；反复重复听众已知的内容显然不是明智之举。不要一开场就说，“今天我要跟大家探讨的问题是……”。

（2）不要一开场就拿腔作调，假装抱歉。你可能以为这可以使你表现得更加友善和谦逊，但往往事与愿违，听众会误以为你缺乏自信。

（3）不要对听众中的“重要”人物区别对待。没有必要说“谢谢主席先生、琼斯市长、史密斯议员……”诸如此类的话，只有在政党候选人面对非常尊贵的听众发表相当正式的讲话时，才会使用这种过分客套的言辞。如果你想让听众注意某个人物，可在讲话中直呼其名。

（4）不要解释你为何讲话。不要向听众解释为何你被邀请讲话，其实，你站在主席台就是最好的理由。你所知道的，听众也知道，除非一定非解释不可。否则，就是画蛇添足。

第 9 技：以悬念设置引诱人

脱稿讲话中，设计一个好的悬念，不仅能够使讲话者，成为听众注目的中心，而且能够活跃现场气氛，激发听众聆听与参与的兴趣。

因此，在讲话中制造悬念，可以有效地吸引听众的注意力，使讲话的信息和情感得以准确传达。

制造悬念，激起听众兴趣

一个好的悬念能起到拯救危机、让自己再度成为听众注目的焦点。高明的讲话者都会活跃现场气氛，当然，他们也很善于制造悬念。

讲话中制造悬念，可以有效地吸引听众，尤其是在出现冷场的情况下，适时地制造一两个悬念，确实是重新吸引听众注意力的非常有效的办法。

制造悬念不是故弄玄虚，既不能频频使用，也不能悬而不解。在适当的时候应解开悬念，使听众的好奇心得到满足，而且也使前后内容互相照应，结构浑然一体。比如，有位教师举办讲座，这时会场秩序比较混乱，老师转身在黑板上写了一首诗：“月黑雁飞高，单于夜遁逃。

欲将轻骑逐，大雪满弓刀。”写完后他说：“这是一首有名的唐诗，广为流传，又选进了中学课本。大家都说写得好，我却认为它有点问题。问题在哪里呢？等会儿我们再谈。今天，我要讲的题目是《读书与质疑》……”这时全场鸦雀无声，学生的胃口被吊了起来。演讲即将结束，老师说：“这首诗问题在哪里呢？不合常理。既是月黑之夜，怎么看得见雁飞？既是严寒季节，北方哪有大雁？……”这样首尾呼应，能加深听众印象，强化演讲内容，令人回味无穷。

引起听众注意的最快捷方式就是在开头设下悬念，当人们怀有种种疑问，总能静下心来倾听演讲者究竟在讲些什么。你可以提个问题，然后再透露一点儿，但不要透露太多，分寸把握得当，既能引起听众的好奇，又不会让他们觉得你在故意卖关子。

巧用悬念，切实引人入胜

领导讲话作为一门艺术，也需要经常用到设置悬念的问题，以便有效地调动听众的积极性，增强讲话的“磁性”，达到引人入胜的效果。

（1）问题悬念。向听众提出问题，但并不急于给出答案，以引起听众的思考和注意。这是一种最常见的方式。运用问题悬念时应注意以下三点：其一，问题应是全篇演讲主旨的凝聚点，回答了问题，揭露了悬念，也就讲明了主旨；其二，所提的问题必须与在座听众有密切关系，这样才能引起听众的关心和关注；其三，提出问题的方式，要新奇且具有艺术性，不可流于一般化，这样方能收到良好的效果。复旦大学举行过《青年与祖国》的演讲比赛，五六个同学演讲之后，会场开始嘈杂得不得了。最后上场的一位同学在演讲的开头就说："我想向诸位提个问题。"此时会场静了下来，接着他又说："谁能用一个字，来概括青年和祖国的关系呢？"这时的会场更加安静了，演讲者便按照既定的准备继续演讲。

（2）事件悬念。出人意料的事件，自然会引起听众的重视。意外事件有悖于听众原来的思考，因此，必然会产生想探寻个究竟的想法。出人意料的事，既能引起听众注意，又能回答听众的问题，从而增强演讲的艺术感染力。在一次演讲中，马克·吐温被追问："演讲是长篇大论好，还是短小精悍好？"马克·吐温没有做出正面回答，却讲了一件出人意料的故事。他说：某个礼拜天，我到教堂去，正逢一个非洲传教士在那里讲述非洲传教士的苦难生活，以请求捐助。他讲了 5 分钟时，我决定捐助 50 元。当他接着又讲了 10 分钟时，我决定将捐助的数目减至 25 元。当他又继续讲了半小时，我在心里将捐助数减至 5 元。最后，他又讲了一小时之后，拿起钵子向听众哀求捐助。当从我面前走过时，我却从钵子里偷走了两元钱。这个故事出人意料，既可引起听众注意，又回答了听众的问题，从而增强了演讲的艺术感染力。

（3）实物悬念。演讲者在恰当的时间向听众展示某种实物，激起听众的兴趣，使听众怀着好奇心听下去、看下去。运用实物悬念要注意，实物应是与演讲内容有密切关系的，或是演讲者所经历的见证物，或是形象的比喻物，切记不可随意出示无关紧要的实物。

（4）情感悬念。演讲者在演讲过程中，突然出现大悲大喜、大忧大怒的情绪，除文字内容外，加之表情，会立即引起听众的注意，之后再讲出悲喜忧怒的原因，这也是造成悬念的方法之一。

总之，悬念的设置方法很多，其表达方式也不是设置单一悬念，也可能是连锁悬念，既可以在讲话的开头，也可以在中间或结尾。但无论如何设置，所设悬念应该是讲话内容的凝聚点，破解了悬念，也就揭示了主旨。而且，所设悬念应该是大家关心或者关注的，要讲究艺术性，注重必要性，不能为设而设，使悬念不悬，或者悬而不落，流于一般。

悬念设置，方法灵活多样

设置悬念的方法虽然很多，但是，使用时必须紧扣讲话的主题，精心选择能激发听众好奇心和求知欲的方法，才能充分发挥悬念在讲话中的作用。否则，脱离主题，乱设悬念，反而会有不良效应。

采用制造悬念式的开场白，有两点应该注意：一是一定要前后呼应。开头的时候设置了悬念，讲话的过程中一定要给出答案。悬而不解的悬念，是一种毫无意义的故弄玄虚。在适当的时候应解开悬念，既能使听众的好奇心得到满足，也能使前后内容互相照应、浑然一体。二是悬念一定要真实、新奇、可信。尤其是领导干部的讲话，来不得半点胡编乱造。为了激起听众的强烈兴趣，讲话者也可以使用制造悬念式的开场白，引发听众的好奇心，从而抓住听众的注意力。所谓“制造悬念式”，就是讲话者在一开头就设置一个令听众琢磨不透的问题，让听众在心中形成疑团。

设置悬念的方法很多，如在讲话的开头设置悬念、运用设问设置悬念、运用间歇和停顿设置悬念、通过物件设置悬念，等等。

（1）用动作手势，制造悬念。有位演讲者演讲到中途时，台下噪声四起，特别是女性还交头接耳窃窃私语，演讲者眉头一皱，计上心来。立即停止演讲，高翘起左手大拇指说：“在场的男士们，就像大拇指——好样的！”男士们听了齐声叫“好”；他又伸出小拇指大声说：“在场的女士们，就像小拇指——”女士们沸腾了，高声抗议。演讲者接着说：“女士们像小拇指：小巧，伶俐，苗条，秀美，聪慧！”女士们听了，转怒为喜，报以热烈的掌声。他又举起大拇指说：“男士们像大拇指：健壮有力！坚定稳重！一夫当关，万夫莫开！”男士们又欢呼雀跃了。演讲者同时伸出大、小拇指说：“大拇指和小拇指，都是好样的！”又伸出五根指头说：“中间的指头，像老人和孩子居于中心位置，成为保护对象！正是这五根指头团结一致，协调配合，力量无穷，才创造了整个世界！”大家都热烈鼓掌了。他又高翘起大、小拇指问：“有哪位女士愿意做大拇指，哪位男士想当小拇指？”台下鸦雀无声。演讲者又开始滔滔不绝地演讲。

这位演讲者善于在听众注意力分散时随机应变，临场发挥，巧妙地运用手势和动作来制造悬念，故意激起听众的喜怒情绪来，然后急转直下，分别做出有利于男女听众的解说，使大家都转怒为喜，皆大欢喜，又集中精力倾听他的演讲。

（2）利用设问，制造悬念。许多著名的演讲家，也常常用设问的方法来制造悬念。设问，是一种无疑而问，也能让听众产生悬念。

（3）用“卖关子”的方式，制造悬念。在演讲中，通过先设置悬念“卖关子”、后揭开谜底“解扣子”的方法，也可以营造一种曲径通幽、引人入胜的演讲气势，使演讲收到更好的效果。

有一段演讲词：世界上有这么一种东西：它能使你在浩瀚无垠的戈壁沙漠中看见希望的绿洲；它能使你在千年不化的冰山雪岭中领略温暖的春意；它能使你在雾海苍茫的人生旅途中拨正偏离的航向；它能使你在荒凉凄冷的孤寂心里收获快乐的果实……它是无形的，却有着巨大而有形的力量；它是无声的，却鸣着神奇如春雷一般的回响！也许有人会问：是什么这么伟大？这么神奇？我要说，它就是——爱，是人类对美好生活、对自己同胞的真诚的爱心！

在这里，演讲者就较好地运用了“卖关子”制造悬疑的技巧，为演讲的主题营造出一种生动诱人、充满神奇色彩的氛围，这就有助于引导听众进入演讲的艺术境界。

（4）以越轨、反常行为构成悬念。正常的事人们不足为奇，对超越常规，一反常理、常态的行为，人们就要感到好奇了。构思即兴说话的悬念，巧妙借助越轨、反常的事实材料，可收到出人意料、引人入胜的效果，使演讲产生高潮。

（5）利用停顿，制造悬念。有的在演讲过程中故意停顿下来，目的也是为了制造悬念。这是因为，间歇和停顿也会产生一种悬念的效应。美国总统林肯就常用停顿来设置悬念。每当他要讲出一个重要思想，并想把这一思想深深地印在听众的脑海中时，就将身子略微前倾，两眼直视听众的眼睛，好久不发一言。他这样做，就是要调动听众的情绪，加深听众的印象。

第 10 技：以亲身经历熏染人

在听众中，很多人尤其爱听讲话者述说有关他自己亲身经历的故事。这样的讲话，以亲历亲闻亲见，给人留下很深的印象，起到熏陶人的作用。

亲身经历，调动共振频道

已故美国著名牧师康惠尔，曾把他的那篇《遍地黄金》演说了6000次之多，这篇著名演说是这样开头的：“1970年，我们沿着土耳其底格里斯河顺流而下，走到巴格达城时，便雇了一个向导，领我们去看西坡里斯、巴比伦……”接着他把这个故事逐步讲了出来。

这是能够抓住听众注意力的最好开头，这种开头，十分简单明白，不易失败。它灵活轻松，能使听众不知不觉地随着它走，因为他们都希望知道后来发生了些什么事，都会平心静气地听他讲下去。

著名推销员罗伯尼，有一次去美国某大学演讲“成功术”。他以自己的减肥为话题展开，着重论证事在人为，从而为听众鼓劲儿。他说：

站在你们面前的这个人，156磅重，但他曾经不是这样，而是一个重达

207 磅的“圆球”！假若有人需要减肥的话，其实是一定办得到的。我——罗伯尼做得到，相信你们也一定能行！此话一出，人人都在翘首以待听他的“成功真经”。可见，有时候，如果演讲者能把自己的亲历亲闻运用到演讲中去，就会给听众以亲切、真实、可信之感，这样调动起听众的热情，也就自然增强了演讲的感染力。

共同经历，引发共鸣情感

讲话要完成信息传递、思想交流和情感沟通的任务。情感的沟通往往是最能直指人心、打动听众的。在即兴讲话时，讲话者不妨从你和听众共同的经历说起，这样不仅能够与听众在情感上产生共鸣，而且能够让演讲内容更加的真实、可信。

圣弗朗西斯科的喜剧教练约翰·坎图说过：“只有唤起听众情感上的共鸣，才能让他们参与到演讲中来。也许在生活中有一些特殊事件对人们有很多特别意义——例如说人生中的许多第一次，第一辆车，第一次约会……这些都可以引入即兴讲话中。但有一点需要注意，这些事情必须与你的讲话内容有关，并且能够说明问题。”

自行贬低，打开共振波段

自贬的方式有很多，下面是几种最为常见的“自我贬低”方式。

第一，名字“自贬”。在一次演讲时，胡适这样开头道：“我今天是来向诸君来作报告的，我是来‘胡说’的，因为我姓胡。”话音刚落，全场大笑。这种自嘲式的开场，既巧妙地介绍了自己名字，还表现自己的谦逊，而现场的气氛也活跃了起来。

如何让听众一下子记住你呢？这需要讲话的人具有因地制宜、随机应变的能力。如果在陌生场合，讲话者最好以自我介绍来开场；如果在熟悉的场合，讲话者则可用拉近感情的话开场；如果在商务或社交场合，讲话者则可用幽默风趣的话开场；如果在某些重要或严肃的场合，则最好直奔主题。总而言之，讲话者要想给听众留下独特的印象，就一定要善于出新招奇招，能够以与众不同的方法来吸引听众。

第二，职位“自贬”。1938 年，陈毅率领新四军在浙江开化县华埠镇休整。当地的抗日组织召开欢迎大会，邀请陈毅上台演讲。主持人介绍称陈毅为将军，陈毅登上讲坛，接过话头大声说：我叫陈毅，耳东陈，毅力的毅，刚才司仪先生称我为将军，实在不敢当，我现在还不是将军。当然叫我将军也可以。我是受全国老百姓的委托，去“将”日本鬼子的“军”。这一“将”，直到把他们“将死”为止……

这段开场白，把自己的职位降低了，拉近了跟普通战士的关系，相应地又借着字意，巧妙发挥到抗日上，这样幽默、自然、睿智的自我介绍，巧妙至极。

第三，对比“自贬”。李雪健因为主演《焦裕禄》，获得了“金鸡奖”和“百花奖”两个大奖。在致答谢词时，他没有用那些所谓感谢的套话，只是诚挚地这样说道：苦和累都让一个大好人焦裕禄受了，名和利都让一个傻小子李雪健得了。话音刚落，全场掌声雷动。

李雪健将自己跟焦裕禄对比，虽然把自己比低了，但是，这样一说，不仅让人记住了李雪健，他的人格魅力更是让听者敬佩几分。

第 11 技：以收好结尾回味人

结尾与开头一样，也是讲话的一个重要和不可缺少的部分，是走向成功的最后一步。

讲话如果结尾收得好，则于“辞意俱尽”之外，还可以收到“辞尽意不尽”即“言有尽而意无穷”的良好效果。

编篁编篓，重在学会收口

结尾讲话，一般是综合归纳主体的内容大意，提出希望、要求，鼓舞号召听众行动起来，按照讲话中阐述的道理和主张去做。

其基本方法是：首先，把讲过的内容要点作一个简单的总结，以加深听众的印象；然后，用激动的情感号召人们采取行动，鼓励人们努力奋斗；或者，设计一个含蓄的意味深长的结尾方式，让听众回味无穷。

结尾的基本要求是，完整而不拖泥带水，精练而不草率收兵。结尾没有固定的模式，主要是根据讲话的内容、形式、时境和对象而定。

讲话稿的结束语，其任务是托起全篇。好的结尾具有画龙点睛的作用，可以让听众余兴未尽，回味无穷，鼓舞斗志，振奋精神。无论你采用哪种方法结尾，都必须做到简短有力、干净利落，切忌拖泥带水、画蛇添足，或者草草收兵、软弱无力。

概括地讲，就是要达到“自然、紧凑、凝练、精彩、新颖”10 个字的要求。所谓自然，就是在语气上要与整篇讲话前后呼应，一气呵成；所谓紧凑，就是要紧扣会议主题，与前面讲的内容相一致；所谓凝练，就是语句要简短有力，篇幅不宜太长；所谓精彩，就是句子要精美，要有一定的气势和节奏感，讲起来富有号召力和感染力，以便把整篇讲话推向高潮；所谓新颖，就是不同内容、不同时期、不同场合的会议讲话要有不同的结尾方法，通过不同角度、不同句式和不同提法给人以新感觉。

结尾收好，不拘形式方法

一般说来，收尾主要有以下几种方法：

（1）总括全文结尾法。总结全文结尾法，是在讲话稿的结尾处用高度概括的语言对全文内容要点作一总结。

这种结尾形式能使听众对整篇讲话留下一个完整、清晰、深刻的印象。工作报告类讲话稿常用这种结尾方法。

（2）展望前景结尾法。展望前景结尾法，即以预言未来情况，简述美好前景的方式结尾。这种结尾形式能起到增强信心、鼓舞斗志的作用。动员报告和闭幕词类讲话稿常用展望前景结尾方式。

运用展望前景式结尾法要处理好预见鼓动性与科学性的关系，鼓动性要建立在科学性的基础之上，对前景的展望要实事求是，不能不顾主客观条件妄下断言。所展望的前景是通过奋斗能变为现实，而不是可望而不可即的空中楼阁。

（3）号召希望结尾法。号召希望结尾法，即以向听众发出号召和提出殷切的希望作为讲话稿的结尾。就是运用铿锵有力、极富鼓动性言辞，或提希望，或提要求，号召人们去努力行动，完成会议任务。经常见的就是“让我们……”，再如：“让我们全面贯彻习近平新时代中国特色社会主义理论，在十九大精神的指引下，万众一心，奋发图强，埋头苦干，开拓进取，共同创造社会主义中国的美好未来。为实现中华民族伟大复兴的中国梦做出新的更大的贡献！”

采用号召式结尾要注意所提号召与希望要与听众的愿望相一致并具有现实性，号召能得到听众的积极响应，所提希望能成为听众的实际行动。

（4）重复概括式结尾法。就是重复前面的观点，以强调重要，加深人们的印象。这种方法，也叫结论式，即根据前面所讲的内容进行概括和升华，以结论的语气加重内容的分量，以求给听众留下深刻的印象。经常见的就是“总之……”。

（5）祝词颂语结尾法。祝词颂语结尾法，一般用于各类典礼、仪式和会议上的“开幕词”“闭幕词”“祝词”等致辞讲话中。

除用于庆祝大会讲话稿以外，还常用于欢迎词、欢送词、贺词等致辞类讲话稿的结尾。内容大致分为祝成功、祝幸福、祝进步等类型。如“最后，祝这次研讨会取得成功！”“最后，祝大家身体健康，家庭幸福！”“最后，祝同志们不断取得丰硕的学习成果！”等。

（6）振奋鼓舞结尾法。就是将最突出、最发人深思、最鼓舞人的话放在最后来讲，以升华主题思想、渲染情绪气氛，增强说服力、感染力。如毛泽东《论联合政府》中的结尾：一个新民主主义的中国不久就要诞生了，让我们迎接这个伟大的日子吧！

（7）余韵含蓄结尾法。就是用含蓄式或留有余地的语言来表达主题，让听众在听完讲话后于思索中受到启迪。

（8）标语口号结尾法。即以数句标语口号作为讲话稿的结尾。

标语口号式结尾，常见于较隆重的庆祝大会领导讲话稿的结尾，一些声势较大的群众性集会上，领导人的讲话也常用这一结尾形式。

（9）呼应篇首结尾法。呼应篇首结尾，要求在结尾处照应开头，是讲话稿写作常用的结尾方法。这种结尾法可使一篇讲话稿首尾圆合，结构完整。如毛泽东的《论十大关系》，开头提出问题，即“综合起来，一共有十个问题，也就是十大关系”。结尾则回过头来照应全文：“一共讲了十点。这十种关系，都是矛盾……”讲话前后呼应，浑然一体。

（10）征询意见结尾法。征询意见结尾法，是以谦虚、商量的口吻征询听众对讲话内容有何意见或建议的形式作为讲话的结尾。如一些研讨会、座谈会上的讲话稿常用的结尾：“以上讲的意见不一定正确，请各位同志指正。”“今天讲的 5 个问题，只是我个人的意见，如有不当之处，请大家批评指正。”征询意见结尾法，只适用于特定的讲话稿，凡是代表一级组织的大会报告以及部署动员性、庆祝纪念性讲话稿一般不适合采用这一结尾形式，不能单纯追求“谦虚”效果而乱用。

（11）设问反问结尾法。提出问题结尾法，一般使用设问和反问，而不是疑问，也不需要回答，它是一种肯定式的提问。

采用提出问题结尾法，需要注意的是所提问题是讲话稿主体的自然延伸，而不是节外生枝、强拉硬扯地提出与主题无关或关联不紧的问题。否则，就会使结尾游离讲话主旨，有“画蛇添足”之感，成为失败的结尾。

（12）郑重承诺结尾法。即以作出某种承诺的话语作为讲话的结尾，这一结尾形式适用于会见性、谈判性、签署性等会议场合的讲话稿。如 2014 年 2 月 18 日，习近平总书记会见中国国民党名誉主席连战时的讲话的结尾：

我们是真心诚意对待台湾同胞的，愿意认真听取各方意见。只要是有利于增进台湾同胞福祉的事，只要是有利于推动两岸关系和平发展的事，只要是有利于维护中华民族整体利益的事，我们会尽最大努力办好，使广大台湾同胞在两岸关系和平发展中更多受益，让我们所有中国人都过上更加美好的生活。最后，祝连主席和朋友们大陆之行圆满顺利。

这次讲话的结尾就采用了承诺加祝愿的结尾形式。向来访的台湾各界人士阐述了党的对台政策，郑重承诺把台湾同胞的事办好，为台湾同胞谋福祉。

（13）肯定充分结尾法。这种方法常用于提示人们看到有利条件，增强必胜信心。

（14）自然收束结尾法。就是话到完时自然收尾，明白无误、干净利索地告诉人们讲话结束了。自然收束结尾法，即把主体内容讲完之后，自然而然地收束全文，不再专门写一段结束语，如“我就讲到这里”，“我就讲以上几个问题，请同志们认真研究，抓好这次会议精神的落实。”“以上几个问题讲完了。”自然收束结尾，完全避免了讲话的画蛇添足、无病呻吟的结尾毛病，显得单纯明快，朴实无华。工作研讨会和学术交流会，特别是社会科学方面的学术性会议讲话稿常采用这种结尾形式，讲话的结尾即是阐述的最后一个问题的结尾，也是全篇的结尾。

讲话稿的结尾方法多种多样，除以上介绍的10多种外，还有誓言式、幽默式等等。另外，一个成功的结尾往往带有创新性。结尾有多种形式，但无固定形式，要设计好结尾，就不要受已有形式的束缚，要不拘一格，勇于在生活中发掘，力求设计出既符合内容要求又符合讲话环境的恰当而新颖的结尾，从而给听众留下耳目一新、回味无穷、难以忘怀的印象。

明确要求，加深听众印象

结尾讲话的形式很多，各有各法，各有妙处，但不管采用什么形式，其目的就是：给听众留下深刻印象。因此必须做到：

一是实在，结尾提出的要求要写得实实在在，不能尽是原则的话、通用的话，这样才能使听众看得见、摸得着。

二是新意，做到既深刻又新颖别致，令人耳目一新，不要陈词滥调、老生常谈，这样才能具有启迪作用，加深听众的印象。

三是针对性，结尾提出的号召要有针对性，具有本单位的特色，不能尽是通用的话或一般性的号召，放到哪个单位都适用。

四是富有动感和节奏感。如用“开拓”“前进”“奋斗”“拼搏”等词，使句子生动起来并具有形象性；用排比句或短句等，使句子念起来铿锵有力。

五是简洁、有力。要以简短有力的语句，发出有力的号召，切忌平淡无力、草率收兵，画蛇添足、拖泥带水，节外生枝、游离主旨，重复啰唆、生怕听众听不明白。如用“务必”“坚决”“一定”“只要……就”等肯定语气，以增强语言的力度，表示某项工作非做好不可，不能有丝毫的怀疑和犹豫。

第 12 技：以鼓动激励感悦人

鼓励人的讲话，极富感染力、容易打动人。这类讲话，一般用在鼓舞斗志、激励人心、满腔热情地投入某项工作中。比如就职讲话、入党仪式、开工动员、运动会开幕式等。

作为领导，如果想要下级把你布置的任务完成好，必须把你的欲望、你的事业，变成下级自己的欲望、自己的事情，只有这样，你交代的任务，他才能积极、主动地给你完成好。而要达到这一目的，除了实际工作中关心支持帮助下级外，在讲话中要注意统一下级的思想认识，激励下级努力工作。

鼓动激励，才能振奋听众

一个杰出的领导者，首先应该是一个鼓动家。他要以语言去撞击人们的心灵，激励人们的情绪，坚定人民向前的意志。做到这一点，就要求领导者首先必须具有恢宏的气魄、宽阔的胸襟和无畏的胆略。

要实事求是。讲话的内容要给人以激励，给人以力量，绝不是高呼口号、空发议论，而是要把话说到点子上，把道理讲在实处，讲经验恰如其分，讲问题一针见血。

要以理服人。讲话不能以势压人，靠高嗓门唬人，靠盛气凌人，否则，就只能引起人们的反感，无助于调动听众的积极性。

要有的放矢。讲话必须切中要害，研究和解决的问题是本地工作和生活中实际存在的，不应该是虚构的；是感得到、看得见、抓得住的，不是抽象、空洞、朦胧的；是人们关心的热点问题或迫切需要解决的问题，不是无关痛痒的。

要切实可行。讲话的内容必须是听众当前所想、所需、所急的，找到与听众的共同点，才能引起他们的共鸣；必须是具体、明确、实在的，表明努力实现的目标，以及实现这一宏伟目标后的灿烂前景。

启迪听众，才能提高觉悟

鼓励听众的讲话，就是将某种正确的代表历史发展趋势的超前意识灌输给听众，使朦胧的意识变得清醒，模糊的感觉转为明晰，使人们从纯粹的直觉体验上升到更高的理性分析。

二次大战时，有的美国人反对介入战争，英国首相丘吉尔于 1941 年圣诞节前夜在美国白宫发表了演讲：

我远离祖国，远离我的家庭，在这里欢度这一年一度的佳节。但确切地讲，我并不觉得寂寞和孤独。或许是因为我母亲的血缘关系；或许是因为在过去许多年充满活力的生活中我在这里得到的友谊；或许是因为我们伟大的人民在共同事业中所表现出来的那种压倒其他一切的友谊和情感，在美国的中心和最高权力的所在地，我根本不觉得自己是个外来者，我们的人民讲着同样的语言，有着同样的宗教信仰，还在很大程度上追求着同样的理想。我所能感到的是一种和谐的兄弟间亲密无间的气氛……那么此时此刻，在今天这个夜晚，讲英语的世界中的每个家庭都应该是一个祥光普照、幸福与和平的小岛……

丘吉尔首相通过感情真挚的语言，道出了人民痛恨法西斯侵略、反对战争、爱好和平的共同愿望。这样的演讲就产生了异乎寻常的“自己人”的效应，获得了极大的成功。

语言凝练，才能调动情绪

注意语言技巧的运用，针对听众的实际情况，适当选择能调动人们情绪的用语如口号、格言、警语等，因为这些简洁、凝练的语言，都蕴含着某种真理，容易为人民大众所理解、接受。

首先，在短时间就能调动人们情绪的口号、格言、警语，都具有极强的鼓动力。因为这些经过加工、浓缩、简洁、凝练的语言，都蕴含着某种真理，容易为人民大众所接受。

其次，领导语言鼓动程度以及戏剧性效果也与领导者在讲话中表明努力的目标，以及展示实现这一宏伟目标后的灿烂前景有关。人们总是为了某种希望而活着，即使有些人暂时处于相对平静的生活中，他也期待能有人给他指点更明媚灿烂的前景。

第 13 技：以充实主体教导人

主体部分具体讲什么，怎么讲，讲到什么程度，这要根据会议的性质和任务来确定，要紧扣开头语突出的论题或主题，展开具体的阐述、分析、论证。既要有深刻的理论分析，又要有具体的事例，从多方面、多角度鲜明透彻地阐明讲话的主题。

把握要求，主旨鲜明突出

脱稿讲话，既要开好头，收好尾，更为重要的就是要把握主体的要求。那么，对主体的要求是什么呢？

一是主旨鲜明，重点突出。主旨是讲话稿的灵魂，是讲话稿的纲。一篇讲话稿不论有多少个层次，形成多么复杂的格局，都应“以纲统目”，整篇讲话稿的结构才能严整。如果离开了表现主旨的需要，那么轻重、大小、疏密、详略等就一律失去了依据，讲话稿“谋篇布局”就没有了准绳。安排讲话稿的谋篇布局，就是要在中心意思的指导下，根据材料与主旨的逻辑关系，来确定它们在文中相对的地位和次序。一篇好的讲话稿，一般都能逐层深入地突出中心，大大小小的道理都连接得非常紧密，无论听起来还是读起来有一气呵成之感，层次关系就藏于内容之中。思路不清，讲话稿层次就会混乱。

二是内容充实，分析透彻。所谓内容充实，就是说现场讲话要有丰富的内容。内容饱满充实主要是指有新鲜、深刻的思想观点，有具体、生动的事例。

一篇脱稿讲话有没有说服力，内容是否充实，关键是看论据是否充分，论证是否有力。要使论据充分，有效地证明主旨，就要选用大量有价值、有内容、有说服力的事实材料。所选用的材料要典型、真实、贴切、有新意。

仅有大量的材料还不行，必须进行深入的分析研究。运用马克思主义立场、观点和方法，对自然与社会发展中出现的问题、现象和事实，进行深入分析、判断，揭示其本质，抽象概括其规律。具体的理论分析，不外乎指出现象的本质属性是什么、产生什么影响（正面影响与负面影响）、问题产生的根源是什么、需要采取什么办法等。

脱稿讲话，其实也是一个提出问题、分析问题、研究问题、解决问题的过程。所以，讲话中就要有观点、有分析、有对策。提出观点后，运用大量的事实材料去进行深入细致的分析，在分析的基础上，提出相应的解决问题的方法及措施。这里的关键是对问题进行分析，分析越透彻，越有说服力。

三是精辟概括，要言不烦。讲话稿精辟简练，不拖泥带水，关键是学会概括，善于把大量琐碎的事物，用高度凝练的语言，概括成简短的话语。讲话水平的高低，很大程度上取决于概括能力的大小。如何进行高度概括？

（1）纵向概括。按照时间或先后顺序，把一些零散的事实材料，提纲挈领地归纳概括成几条或几点。

（2）横向概括。按照空间顺序，把横向的一些零碎、分散、复杂事实材料，进行科学分类，归纳概括，使其条理和层次清晰，便于记忆。

（3）理论概括。就是对大量具体事例进行分析研究，从理论上进行归纳概括，从而得出带有本质性、普遍性、规律性的结论。

四是表述准确，层次分明。现场讲话必须做到层次分明，条理清楚。表现讲话的思想内容要有一定的次序和步骤，先说什么，再说什么，最后说什么，都要有一个总体的设想。

安排层次要着眼于讲话思想内容的逻辑关系。换句话说，必须先有个合理、清晰的讲话思路。

为了使脱稿讲话听起来条理清楚明白，通常采用以下办法：

（1）设立小标题。把报告中所讲的内容按性质不同划分为几个部分，每部分前面加一标题，起一个提示作用，告诉听众这一部分主要讲什么内容。小标题既要准确地概括出这部分的内容，又要使用简洁、鲜明的语言。

（2）序码排列。把报告内容划分为几个部分，前面标以数码，依次排列下来。虽然设有小标题，但每一部分的内容都必须紧扣一个中心。一般情况下，将每一部分内容的第一句话提炼为论题句或论点句，用以表示出每一部分讲话的内容范围或主旨。

为了使讲话更加条理清楚，在每一大部分中，还可以用一是、二是、三是、四是或首先、其次、再次来划分，尽量不要重复使用。

五是结构严密，言之有序。讲话稿要有一个完整的结构。同一个题目让一百个人去作，会作出一百篇不同的文章，这是很正常的。这体现了文章的个性化特点。这一百篇文章的主题思想、结构形式、论述方法也可以多种多样，而且必然会多种多样。但是，这篇文章所回答的问题的“范围”应该是确定的。也就是说，哪些问题是范围内的（必须回答），哪些是范围外的（不必回答），是确定的而不是任意的。因而，讲话稿就要先从大处着眼，这个“大处”就是指结构的完整严密，而且言之有序。看看该有的是不是有了，应该说明、解释、阐述的问题包括进去没有。

明确形式，主体紧扣主题

讲话稿的重点是主体部分，主要是讲述工作和活动的中心思想——思路和要求，表明立场、观点、意见和方法、措施以及希望和要求。正文的内容，要视讲话人的身份、会议的背景、讲话的主题以及听众的差异而定。但是不管怎样，都必须内容充实、分析透彻，主题鲜明、观点正确，材料充实、详略得当，层次分明、条理清晰，要言不烦、概括精辟，逻辑严密、言之有序。其主体部分通常又具有三种结构形式：

一是板块式。即分为几个板块，具体讲又有几种不同情况：

以小标题分板块。如邓小平 1979 年 3 月 30 日在党的理论工作务虚会上关于《坚持四项基本原则》的讲话，以三个小标题分三个板块：（1）形势与任务；（2）实现四个现代化必须坚持四项基本原则；（3）思想理论工作的任务。

以顺序号分板块。如邓小平在 1980 年 8 月 18 日在中央政治局扩大会议上所作《党和国家领导制度的改革》讲话，以一、二、三、四、五将全文分为五块。

两块式。第一部分要么总结成绩，要么分析形势，要么认识意义，要么指出问题，或兼而有之，最后归结为，“×××事或×××工作事关重大，各级各部门务必统一思想，增强紧迫感、责任感，把这项工作抓紧抓好”云云。第二部分主要指出工作思路、目标任务、具体要求和政策措施等。措辞上无非是明确任务、强化措施、加强领导、狠抓落实之类。

纵深式。即前后几个板块的内容是由浅入深发展的关系。如邓小平 1978 年 12 月 13 日在中央工作会议闭幕会上所作的《解放思想，实事求是，团结一致向前看》的讲话，四块小标题分别是：（1）解放思想是当前的一个重大政治问题；（2）民主是解放思想的重要条件；（3）处理遗留问题为的是向前看；（4）研究新情况，解决新问题。四个部分明显地表现出层层递进、步步深入的关系。

并列式。即几个板块之间没有递进关系，只是并列关系。如邓小平 1979 年 11 月 2 日在中央党、政、军机关副部长以上干部会议上所作的《高级干部要带头发扬党的优良传统》的报告，讲了三个问题：（1）高级干部的生活待遇；（2）认真选拔接班人；（3）切实关心群众生活。这三个问题之间显然是并列关系。

二是自然式。即讲话不分板块，只分若干个自然段，多数是依照内容的逻辑关系来安排的。如邓小平 1985 年 3 月 7 日在全国科技工作会议上作了《改革科技体制是为了解放生产力》的讲话之后，又即席作了《一靠理想二靠纪律才能团结起来》的讲话，记录整理出来的讲话分四个自然段，具有很强的逻辑性。第一段提醒大家要做到“四有”，并强调理想和纪律特别重要；第二段专门讲理想；第三段主要讲纪律，谈理想和纪律的关系；第四段强调共产党员一定要严格遵守纪律。也有的讲话内容是按时间顺序安排的。如邓小平 1989 年 11 月 20 日会见编写第二野战军战史的老同志时所作的《对二野历史的回顾》的谈话，基本上是按二野历史的时间顺序讲的。

三是提纲式。即像列提纲那样，在一篇讲话中讲多个问题，每个问题开头有一个主题句，每个问题的篇幅都很简短。如毛泽东 1949 年 3 月 13 日在党的七届二中全会上所作结论中的《党委会的工作方法》，通篇 2700 字，讲了 12 个问题。邓小平 1981 年 3 月 27 日与解放军总政领导同志关于反对错误思想倾向问题的谈话要点，通篇 2000 个字，讲了 8 个问题。陈云 1985 年 9 月 23 日《在中国共产党全国代表会议上的讲话》，通篇 2600 个字，讲了 6 个问题，共分了 46 个自然段，每个自然段用一两句话讲一层意思。

以上所讲的多种结构形式，用哪一种，要从五个方面考虑。第一，从讲话既定的场合、作用考虑。如果是在党代会、人代会上作报告，那自然要用板块式。第二，从讲话既定的主题考虑。讲重大的政治问题，一般要用板块式；讲一般性的工作，则可以灵活掌握。第三，从讲话既定的时间、篇幅考虑。如果安排的时间长、篇幅大，可以考虑用板块式；如果要在很短时间内讲完，则可考虑用提纲式或自然式。第四，从讲话既定的对象考虑。如果是对基层干部群众讲，一般不适宜采用过于简略的提纲式，而应用板块式加以详尽、通俗的说明。第五，从讲话者的个人风格考虑。不同风格的领导，在讲话中往往习惯于运用不同的结构形式，领导者自己要充分考虑这一点。

把握技法，主体框架严谨

讲话稿主体结构方式多种多样，这里列举一些常用的，供参考借鉴。

① 并列式结构主体技法。并列式结构，也称作横式结构，是讲话稿主体常用的结构形式。所谓并列，是指讲话稿的各个层次之间呈现“并列”关系，如毛泽东的《论十大关系》，分别论述了十个方面的问题。

运用并列式安排结构，文章思路清晰，层次分明，但易出现结构松散，运用并列式安排结构应注意各部分之间要有一定必然联系，绝不是互不相干的问题的并列。另外，并列项不管多少，“辈分”标准应一致，不能同时出现两个或两个以上的标准，即各部分应是同等“级别”的问题。

②递进式结构主体技法。递进式结构，又叫推进式结构，是根据事物的发展，由浅入深，由此及彼，一层比一层深入地展开讲述。其具体形式有：

时序式，即以时间发展顺序安排结构。

事序式，即以事件发展为序安排结构。

以认识发展为序，层层深入式、剥笋式等等。递进结构反映的是作者的纵向思路。讲话稿以“是什么—为什么—怎么办”“提出问题—分析问题—解决问题”“谈意义—摆问题—提要求”的思路形式为多。

递进式结构，无论是由此及彼的、由点到面的广度递进，还是由始到终、由一到二的深层递进，或是由现象到本质的纵深递进，都结构严谨，有很强的内在逻辑力。运用递进式安排结构要注意层层递进，环环相扣，形成整体，切不可结构形式松散和思想内容残缺。

③纵横交叉结构主体技法。纵横交叉结构安排法，是把纵式结构与横式结构结合起来安排讲话稿结构的方法。纵横交叉式结构，或第一层次以横向展开为主线，第二层次以纵向发展为主线；或第一层次以纵向发展为主线，第二层次以横向展开为主线。两条线经纬相承，跌宕生姿。它适用于篇幅较长，内容较多、涉及面较广的讲话稿。如毛泽东在党的第七次全国代表大会上的报告《论联合政府》，就是采用了纵横交

叉结构安排法。

纵横交叉结构，能使讲话稿既做到结构严密，又具有内在逻辑力量，条理清晰，同时因结构变化多姿，使讲话稿显得丰满生动。但运用不好又易产生结构混乱，使文章杂乱无章。因此，采用纵横交叉结构安排法要注意两点：一是对全篇要有全盘的设计，何处为纵，何处为横；纵有几层，横有几款，都必须设计好。二是要注意衔接和过渡，特别是纵、横之间的过渡一定要清晰明白。

④总分式结构主体技法。总分式结构安排法，是先将要讲的问题进行总的概述，而后围绕讲话的主题分几个部分进行详细阐述的方法。运用总分结构法优点是布局简洁，层次清楚，但也容易出现总述的内容与分述的内容不一致或相互矛盾的情况。因此，运用这一方法安排讲话稿结构，要防止分述不能满足总述的要求或者分述超出总述要求的问题。

⑤分总式结构主体技法。分总式结构，是先从不同角度和侧面分别进行讲述，最后归纳总结，进行总述。有人称分总式为“花束式”，上面朵朵鲜花，下面用绳子一扎，多而不乱，杂而不散。采用分总式结构安排法，结论不下在前，通过分析得出结论，使读者感到讲话稿分析入情入理。采用分总式结构具有说服力强的特点，便于听众对讲话者主张的接受和认可。运用分总式安排结构，要注意归纳总述时要概括出主题来，要使分总之间有紧密的内在联系。如果用推理，更要考虑分述部分的内容到底能推出一个怎么样的带有普遍意义的结论来，

而不能轻率结尾。

⑥述感式结构主体技法。述感式结构安排法适用于参观访问、调研座谈、追思纪念等场合的讲话稿，特别是精短讲话稿。述感式结构从总体上来说，一般是一种两段论的结构，即讲话稿整体由“述”与“感”两部分组成。所谓“述”即以叙述的笔法，或谈所见，或谈所闻，或谈所读，或叙述事迹。所谓“感”，即感想、体会、心得，用议论的笔法写出来。“述”与“感”的关系是：述在前，感在后；因述生感，以感论述；由述引申、生发出感，感对述又有揭示和指导意义。应用这一形式关键是处理好“述”与“感”的关系。从逻辑角度讲，在同一思维过程中不能互不联系、自相矛盾，不能偷换概念、转换论题。另外由“述”而生的“感”往往很多，为此必须有所选择，突出重点，不能也用不着面面俱到；也不能叙事过于详细，更不能有“述”无“感”，只讲事例，而无感想。应事为理服务，就事论理，而不是就事讲事。

除精短的讲话稿以外，一篇讲话稿的层次安排，很少单纯采用哪一种方式，而是多种方式结合使用。而不同内容的讲话稿，结构上又有很大的差异。但无论哪种讲话稿都应注意，讲话是通过声音和听觉来传递信息的，有时听众手里不一定有讲稿，因此，讲话的层次不能太复杂。尤其是不要层次繁多地安排大一、二、三、四，小 1、2、3、4，带括号的（1）（2）（3）（4），讲话人总不能在讲话中说，这是大一、二、

三、四，这是小 1、2、3、4，这是带括号的（1）（2）（3）（4）。比较长的讲话稿尽量分一个部分一个部分来讲，每个部分再分若干点，听众就容易听清楚。

第 14 技：以精选材料说服人

脱稿讲话，收集材料、组织选择材料是一个十分重要的步骤。有说服力的材料可以充实讲话的主题，充分证明论点。

收集材料，尽心积累占有

一般来说，获取材料的基本途径有三个：一是直接材料，是领导者在日常生活、工作、学习中，通过自己的观察、体验、感受、调查、研究所得到的材料；二是间接材料，是领导者从书籍、报刊、文献中所得到的材料；三是创见材料，主要是领导者在获取大量的直接材料和间接材料的基础上，经过归纳、分析、研究所得到的新材料。

具体说，要注意收集和积累以下几种材料：

一是真实的材料。所谓真实，就是指材料的客观性，即所选材料是客观世界确实存在的，并且是符合历史实际的。在讲话过程中，只有真实的材料才具有说服力，才最有利于听众形成坚定的信念。为了保证材料的准确性和可靠性，你在实际演讲时就必须交代材料的出处，比如你在引用事例的时候，就必须讲清是什么人、什么时候、在什么地方、干什么事，为什么以及怎么样。这样才会增强真实感，提高信息的可信度和影响力。

二是典型的材料。典型性是指其深刻揭示事物本质，具有代表性，有较强的说服力。在脱稿讲话中准确地使用一些典型材料，可以更加有效地突出演讲者的观察分析能力和思想认识水平。

三是充足的材料。材料要充足，脱稿讲话要求大量、详细地收集并占有材料，既要纵向了解事物发生、发展的经过，又要横向了解事物各方面的联系；不仅要正面了解事物，而且要从反面来了解事物，这样才能多方位、多角度进行分析、比较，以避免认识上的主观性和片面性。

四是具体的材料。具体，是相对抽象笼统而言的。有些材料虽然真实、新鲜、典型，但由于详略不分，尽管讲清楚了事情的来龙去脉，也使人感到太过于抽象笼统而不够具体。出现这种情况的原因，对于事例性的感性材料来说，往往是没有对重点材料进行有力的渲染。如果在脱稿讲话的时候详细地阐述那些重点内容，并做必要的渲染，就会显得内容具体，给人留下明晰的印象。

五是定向的材料。收集材料要把准方向，防止盲目性和随意性。因为我们在收集材料这一步骤，并没有太多的时间和精力，所以必须把准方向，有计划、有针对性地收集材料。要围绕主题进行，不宜太窄，也不宜过宽。太窄，往往会漏掉与之相关的材料，使用时没有回旋的余地；太宽，往往很难抓住主线和重点，造成内容繁杂臃肿，甚至会削弱和冲淡主题。

六是新鲜的材料。新颖别致，是就听众的感觉而言的。如果脱稿讲话材料新鲜，就能较好地激起听众的新奇感，引起注意。如果“人云亦云”，重复使用别人用滥了的材料，就会令人感到乏味，甚至反感。因此，要尽量防止和避免材料的雷同。要产生新鲜感，一方面要留心收集现实生活中新近发生的事情，另一方面要善于收集那些过去早已发生但并不为人所知的事例。此外，还要善于观察分析，抓住现实中看似一般的材料，从中挖掘出新意来。

七是感人的材料。在脱稿讲话中，要注意选取能提高听众兴趣和打动听众感情的材料。在现实生活中，许多感人的事情都是看似违背常理，出人意料，不可思议，但又是在情理之中的。在现实生活中，有许多感人的事例，关键要善于发现这种有违常理事例的特殊性。此外，脱稿讲话要感人，讲人们的奋斗经历，讲与听众切身利益相关的事，这样会更容易被接受。

八是反面的材料。反面材料，是表达反面事实或印证对手错误理论的材料。有比较才能有鉴别，这种材料运用得好，具有无可辩驳的说服力。

无论是收集哪类材料，都必须确有事实根据、来源可靠，只有经过深入调查研究的材料才经得起检验。

为了做到材料确实，一定要深入调查、核实出处、鉴别真伪及可靠程度，努力搜寻第一手材料；要区别哪些是事实材料，哪些是已加工推论的材料；还要细心分析理论材料前后的关联，不要使之自相矛盾。

组织材料，用心合理排列

手上有了讲话所需的材料，还要在讲话中把它们合理组织起来。那么，如何做到快速组材呢，可以尝试以下三种方法：

一是破笋展开法。这种方法是以话题为中心逐层展开，将要说的材料如彩线串珠般连起来。这样组材就会使讲话显得整体有序。

二是正反例运用法。正反例运用法，是围绕话题先选用一到两个正面事例，然后选一到两个反面事例，正反交错组材。

在第二次世界大战结束后，战败的德国千疮百孔。一个外国记者在柏林市区闲逛时，发现那些家徒四壁的德国居民，家家窗台上摆满了鲜花。记者由此感慨：这是一个热爱生活的民族，他们一定会创造经济奇迹。果然，战后德国的经济迅速崛起。再说说历史上的北洋水师。当时清朝的海军在世界排第三，日本排第七。日本间谍考察北洋水师后，说必败无疑，因为他们看到炮台上居然挂着衣服，由此得出清朝海军纪律松弛，没有战斗力的结论。之后日本悍然发动了甲午海战，北洋水师果然惨败。讲话要用事例说服大家，但可供选择的事例很多。因此选择一正一反两个典型事例，用“德国人的窗台上摆鲜花”的正面事例来证明美好的细节能让别人作出肯定的评价，用“北洋水师的炮台上挂着衣服”的反面事例来证明不良的细节能让人得出否定的判断。正反对比，使讲话的思路快速被打开。

三是关联词组合法。关联词组合法，是运用关联词把一些松散的材料组接起来以展开。可以用“一方面……另一方面”将要讲的材料划分为两方面，整体统摄；可以用承接关联词“首先……然后”突出顺序，表达思想；可以用“不仅……而且……还要……更要……”这些递进关联词将话题层层推进，顺序安排恰当，使材料聚而不散。

选择材料，精心筛选提炼

仅仅收集和提炼还远远不够，还要用好这些材料，也就是选择好材料。脱稿讲话时，选择使用材料要做到以下要求：

一要把握材料的主题性。主题是通篇讲话的中心，所有的材料必须服从和服务于这个中心，以是否能为中心服务作为取舍标准。主题与材料的关系是统率与被统率的关系，离开了主题，材料是零散、杂乱、毫无意义的；离开了材料，再好的主题，也无法充分表达，难以让人接受。要正确处理主题与材料的关系，用主题去统率材料，用材料去表现主题。凡是与主题关系密切，能有力地说明、烘托、突出主题的材料就选用；凡是与主题关系不大，不能很好地反映主题的材料就舍弃，这是选材的首要原则。在选材上要做到宁缺毋滥，忍痛割爱。

二要把握材料的可靠性。真实准确是对讲话的基本要求，也是第一要求。保证讲话真实准确，首先要保证所用材料真实可靠。真实准确是选择使用材料的基本原则，在选材问题上一定要实事求是，不能采用实用主义的态度。那种对材料任意加工、添枝加叶、主观臆造、随意引申，甚至把那些道听途说的东西也拿来引用的做法是不可取的，是领导讲话中所不允许的。

三要把握材料的真实性。材料的真实，包含两层意思：一是确有其事，是现实生活中客观存在的，绝非杜撰虚构；二是合乎事物的本来面目，不是偶然的、个别的现象，而是事物的本质，具有普遍意义。前者是局部的真实，后者是整体的真实。

四要把握材料的准确性。准确是和真实相联系的。没有真实，就无准确可言。如果说真实多是从大处体现在质的规定性上，那么准确则多是从细处要求材料的恰如其分，人物、事实、细节、引文等都应经得起检验和推敲，这就要求平时积累资料，力求做到精确无误，多用内涵比较确定的词语。

五要把握材料的典型性。所谓典型材料，是指那些能够深刻揭示事物本质，具有广泛的代表性和强大的说服力的材料。只有那些具有鲜明特征和代表性的典型材料，才能有力地揭示事物的本质，有效地表达主题和观点。通过个别反映一般，通过典型反映共性，是讲话选材的重要原则。讲话时要从众多的材料中筛选那些最典型、最有代表性的材料，不要用一般化的材料，这样才能恰如其分地表达观点。毛泽东说：“材料是要搜集得越多越好，但一定要抓住要点或特点（矛盾的主导方面）。

马克思研究资本主义，列宁研究帝国主义，都是收集了很多统计材料，但并不是全部采用，而只是采取最能表现特点的一部分。”这里所说的“不是全部采用，而是抓住要点或特点”，就是说讲话要抓住典型材料。

六要把握材料的生动性。新颖、生动的材料，能够充分调动听众的主观能动性，引发联想，使之如见其人，如闻其声；能够使讲话声情并茂，增加表达的感染力，唤起听众的共鸣；能够使听众耳目一新，激发兴趣，留下深刻的印象。如果讲话中引用了一些人人皆知的“老”材料、“死”材料，没有多少新东西，就会让听众感到乏味。新颖、生动、有趣的材料不外乎两类：一类是新近发生的，他人尚未发现、使用的材料；另一类是他人已发现、已使用的材料中的新意。

脱稿讲话时总会遇到一个困惑。一方面，听众们希望讲话者是非常精通该话题的专家；另一方面，他们不希望讲话者仗着自己的专业知识而傲慢狂妄。专业性能为你赢得信任感，而人情味儿能使你显得平易近人。因此，讲话者必须努力在两者之间谋求平衡。

收集和占有材料的目的是使用。当我们确定了讲话主题和大的框架结构后，就要围绕主题选择最能阐明观点的材料。对平时掌握的大量材料，要根据主题要求，进行分析、比较、鉴别和确定。收集和占有材料要做到“多”和“广”，用材则要体现“严”和“精”。平时掌握的材料很多，但讲话时所需用的材料有限，这就需要“百般挑剔”，优中选优，把那些最能说明问题的材料选出来，进行分类整理，以备使用。

时代在前进，社会在进步，事物在变化，新情况、新问题、新矛盾不断出现，新人、新事、新经验层出不穷。我们应当及时捕捉那些新的东西，多讲点新话，多道点新事。要勤学习，多实践，到改革和发展的实践中，到人民群众中，去发现那些富有时代特色的活生生的事例，采摘那些带着露珠的新鲜材料。这样的材料用到讲话中才有新鲜感，才能吸引人。同时，对别人用过的旧材料也不是不可以用，但要翻新使用，善于用新的角度、新的层面重新审视，挖掘出新意来。

第 15 技：以精彩故事吸引人

脱稿讲话，就是要让自己的观点打动听众，让听众欣赏并接受。而要达到这个目的，讲好故事，借助故事之后的说理来画龙点睛，点“事”成金，不失为一种有效方法。

好的故事，胜过千言万语

脱稿讲话讲故事不是灌输、不是说教，而是春风化雨、润物无声。那些走心的故事常常让我们热泪盈眶，使我们的灵魂得到净化。这样的脱稿讲话，才真正吸引人。

毛泽东一生博览群书，知识渊博，精通历史。他在讲话中尤其善于运用历史知识和故事来说明问题，阐述道理。毛泽东在中国共产党第七次全国代表大会上的闭幕词中，就有一段中国古代的故事，叫作“愚公移山”。这个故事，与当时的革命情况联系起来，更深刻地表现了现阶段国内的状况，对于下面的民众也更有说服力。

毛泽东在《愚公移山》中讲道：我们宣传大会的路线，就是要使全党和全国人民建立起一个信心，即革命一定要胜利。首先要使先锋队觉悟，下定决心，不怕牺牲，排除万难，去争取胜利。但这还不够，还必须使全国广大人民群众觉悟，甘心情愿和我们一起奋斗，去争取胜利。要使全国人民有这样的信心：中国是中国人民的，不是反动派的。中国古代有个寓言，叫做“愚公移山”。说的是古代有一位老人，住在华北，名叫北山愚公。他的家门南面有两座大山挡住他家的出路，一座叫做太行山，一座叫做王屋山。愚公下决心率领他的儿子们要用锄头挖去这两座大山。有个老头子名叫智叟的看了发笑，说是你们这样干未免太愚蠢了，你们父子数人要挖掉这样两座大山是完全不可能的。愚公回答说：我死了以后有我的儿子，儿子死了，又有孙子，子子孙孙是没有穷尽的。这两座山虽然很高，却是不会再增高了，挖一点就会少一点，为什么挖不平呢？愚公批驳了智叟的错误思想，毫不动摇，每天挖山不止。这件事感动了上帝，他就派了两个神仙下凡，把两座山背走了。现在也有两座压在中国人民头上的大山，一座叫做帝国主义，一座叫做封建主义。中国共产党早就下了决心，要挖掉这两座山。我们一定要坚持下去，一定要不断地工作。我们也会感动上帝的。这个上帝不是别人，就是全中国的人民大众。全国人民大众一齐起来和我们一道挖这两座山，有什么挖不平呢？

“讲好故事，事半功倍。”习近平总书记也是讲故事的高手，他多次强调，要“讲好中国故事，传播好中国声音”。无论是会议上的发言、调研时的讲话，还是出访的演讲、报刊上的文章，他善于用生动的故事来传达深意，说明道理，感染他人。这些故事具体而生动、通俗而深刻，不仅拉近了与受众的距离，具有很强的说服力，而且洋溢着“中国智慧”和“中国力量”。

一个故事，胜过一打道理

2014 年 7 月 7 日，习近平总书记在纪念全民族抗战爆发七十七周年大会上讲话时，讲到一个故事，用以说明反法西斯的力量生生不息。

在这场救亡图存的伟大斗争中，中华儿女为中华民族独立和自由不惜抛头颅、洒热血，母亲送儿打日寇，妻子送郎上战场，男女老少齐动员。北京密云县一位名叫邓玉芬的母亲，把丈夫和5个孩子送上前线，他们全部战死沙场。华北平原上的一个庄户人家写下这样一副对联：“万众一心保障国家独立，百折不挠争取民族解放”；横批是：“抗战到底”。

让故事来讲理，让事实来说话，让事例来说明，这在习近平总书记的讲话中经常被运用，尤其是他在国外的多次演讲，都会讲一些故事，或者举一些具体事例。

梳理习近平总书记近年来出访演讲，可以发现，他着重讲好中国道路的故事、中国梦的故事、中华优秀文化的故事、中国和平发展的故事等。

习近平总书记亲自讲中国故事，效果显著。中国话语的国际影响力不断提升，中国声音的传播面不断扩大，中国道路、中国理念、中国模式在国际比较中愈来愈有吸引力。

故事力量，魅力无穷无尽

有时候，数据和事实并不能博得人们的认同，而引人入胜的故事，却能让人沉浸其中。

无数事实证明，好故事就是好宣传，好故事就是好教育，好故事里面蕴含着大智慧、大道理。讲好故事具有四两拨千斤的力道。

领导在讲话的时候巧用故事，不但能够增加讲话的趣味性，而且能吸引听众的注意力，调动他们的积极性。当所有人都很有兴趣地竖起耳朵听你讲话的时候，你的信息就能得到最有效的传达。

当然，在讲话的时候运用小故事，也是一把“双刃剑”。故事讲得好、引用得合适，能起到画龙点睛之效。但如果用得不好，就有可能会弄巧成拙。虽然讲故事很有效，但也许并不适合于任何场合，在很多时候，需要直奔主题。比如，作工作报告，一些很严肃的场合，就不要讲故事了。

讲好故事，才能吸引听众

有位哲人说过，谁会讲故事谁就能赢得受众，谁就会拥有话语权。

故事内容讲得“有意思”，既能让大道理深入人心，也能在不知不觉中拉近与听众的心理距离。古人说：“多财善贾，长袖善舞。”修炼好讲故事的真功夫，要做到以下几点：

第一，要积累储存大量的故事。积累故事的方法有很多，可以逐步建立分类故事库。搜集、整理有教育意义、能感动人心的故事归类入库，为查找故事素材提供方便。

历史的故事。中华民族有着五千年的悠久历史，积累了无数深刻的历史故事。这些历史故事既具有趣味性、形象性，也蕴含着深刻的道理，对于引导听众、突出脱稿讲话主题能起到非常重要的作用。比如，在阐述“合作共赢”的道理时，可以讲一讲“房谋杜断”的故事；在阐述实践的重要性时，可以引用“纸上谈兵”的故事。

身边的故事。在我们的身边有很多普通人的普通事。那些伟人的故事虽然具有很强的感染力，终究与普通老百姓的生活相距太远，而身边的故事却不同，它们就发生在日常生活中，每个人都触手可及，甚至会有同样的经历。用这样的故事来引导听众，更有说服力，也会使脱稿讲话达到更好的效果。

个人的故事。自己的故事，自己最熟悉、最平常，并且不用担心重复或听众听过。更重要的是，讲自己的故事可以信手拈来，讲起来更富于激情。可以通过梳理自己人生经历中有教育意义的片断，形成故事。习近平总书记在与青年代表座谈时，讲了自己上山放羊下田锄地时坚持看书、走 30 里山路借书的故事。这种亲身经历的事，比用其他国家或历史上名人的故事，听起来更真切、更感人。

另外，还有哲理故事、管理故事、名人故事等等。我们可以在阅读报刊书籍、网络作品时积累故事，还可以到群众中去采集故事。

第二，要选择与主题有关的故事讲。脱稿讲话中的故事并不是孤立存在的，它必须要和说话的主题高度契合，才能最大化地让听众明白我们所要传达的意思。

要围绕主题精心选择故事。要善于从平时积累的众多故事素材中选取那些符合主题、真实可信的故事，去说明自己的观点，启发听众认同。当众讲故事的目的是为了论证自己的观点，或者是深化讲话的内容，而不是为了纯粹地娱乐大家，所以选择故事的时候要恰到好处，贴切自然，不能过于频繁，更不能生搬硬套，以免造成东施效颦、弄巧成拙的后果。

要把故事巧妙插入正文中。如果随便插进一个故事，听众会认为你讲话没有条理性。在引用故事的时候，可以根据讲话的需要，进行适当的修饰加工，或者选取某个意义，并找出这个故事与所论述内容的结合点，同时加以解释，以达到讲话的目的。

第三，要充分挖掘故事的内涵。讲故事就是通过叙述的方式，讲解一个带有寓意的事件。这个寓意，就是故事中包含的“理”。故事中必须有“理”，“理”是“事”的灵魂，缺失了“理”的“事”就是苍白的、肤浅的。好故事之所以千古传颂，就在于它蕴含着让绝大多数人认同的深刻道理，拥有道理的张力、思想的深度。要讲好故事，必须经常深入思考故事背后的寓意。

一个善于讲故事的人必然是一个思考者甚至思想者，他既能领悟真理之道，更懂得如何用故事点燃真理的光芒，照亮听众的心灵。

第四，要充分展示故事的魅力。在讲话中讲故事，要避免两种常见问题：其一是像在搞演讲，慷慨激昂，过于张扬；其二是像在做报告，语调平平，没有抑扬顿挫，缺乏情感起伏。

讲故事要取得良好效果，首先要生动描述，就是用语言画一幅画，然后把这幅画送到听众的心里，让他们看到的是同样的一幅画，从而产生一种身临其境的感觉；其次要营造氛围，就是通过语音语调高低快慢的变化、手势眼神的辅助，将听众带到故事当中，让他们的情绪随着故事情节的变化而跌宕起伏，紧张时让人喘不过气来，舒缓时又让人如释重负。这样才能把故事讲得引人入胜、扣人心弦。

要融合媒体艺术。以新颖的形式加以呈现，这样就会为故事增彩。最好将传统内容进行重新编排，用大家喜爱的形式表现出来；也可以在生动的讲述之外，配上精美的课件、动人的音乐、适当的视频。这种多种艺术手段有机统一的立体式展现，会使故事的内容更丰富、形式更活泼，造成的心灵冲击也更为强烈。

第五，要把握故事语言的个性化。故事的语言不同于其他文学形式的语言，它最大的特点就是口语性强、个性化强。所以，当你准备开始讲这个故事的时候，要与你之前讲话的话风、语气区分开来，最好能使自己的感情与故事中人物的感情相融合，做到惟妙惟肖地表达故事情节和人物性格。

把一个故事讲得引人入胜，这也是讲话吸引听众的一个关键点。同一个故事，不同的人讲，听众的感受可能会不一样，这和讲故事的人所带的感情不同有一定关系。如果将自己置身事外，仅仅是把故事念出来，和进入角色、感情真挚地讲出来是完全不同的。

同样，讲话不仅要考虑到讲话的形式、内容以及内在的哲理对讲话效果的作用，还要考虑到讲话的对象是人，所以讲话要以情动人。需要脱稿讲话者用真挚的感情把话讲出来。

第六，故事要新颖有趣。在主题契合的前提下，我们所引用的故事最好在内容上比较新颖别致，富有幽默感。这样一来，在我们讲述的时候才能最大限度地吸引别人的注意力，营造欢欣愉悦的讲话气氛。

第 16 技：以深厚力度感召人

讲话有力量，就是透过讲话稿，能感到内心充盈着一种力量，这种力量既有思想的穿透力、语言的感染力、领导的人格魅力，更有字里行间注重解决问题的执行力。

有洞察力，透过现象看本质

脱稿讲话有洞察力，就是要一语中的，切中要害，透过现象讲本质，拨开枝节讲主流，一针见血。

古人写文章讲究“意在笔先”“文以载道”，领导讲话更重要的是讲思想、讲观点、讲见解，这一思想、观点、见解并非空穴来风，而是贯穿整个讲话的主线和命脉，是领导讲话的灵魂。领导以讲话的形式推动工作，往往先要确立一定的立场、观点或主张，进而分析问题、研究对策，提出工作思路和措施。这些立场、观点或主张，因人而异，因时而别，体现着领导者的政策水平和个性素养，极富个性化色彩，构成了讲话的思想性差异。一篇讲话，只有系统充分地传达领导思想，具有强大的穿透力，才能使听众有所启发、有所感悟，从而付诸行动。

巴尔扎克说：“一个有思想的人，才是一个真正有力量的人。”人一旦有了思想，就会心明眼亮，办法多、路子广，产生无穷的力量。纵观历史风云，超前的思想是成就英雄豪杰的基石。因为有图谋“天下”的霸业理想，李斯的《谏逐客书》虽有违君命仍能令秦王收回成命；因为有光复汉室的宏大志向，诸葛亮的《出师表》才说服了逍遥安逸的后主刘禅；因为有拳拳孝心，李密的《陈情表》虽忤逆圣意而同样能感化武帝。有厚重的思想，才有巨大的冲击力。《易经》有言：“鼓天下之动者，存乎辞。”要说服鼓动天下人，借助言辞是很好的方式。刘勰在《文心雕龙》中说：“一人之辩重于九鼎之宝，三寸之舌强于百万之师。”口头语言表现力丰富、可信度高、感染力强，在鼓动群众、说服群众中，有着不可替代的作用。

革命战争时期，毛泽东、周恩来、邓小平等老一辈革命家，以其极具思想“含金量”的讲话，唤起了多少革命志士的英勇斗志；新时代，习近平总书记在很多场合的讲话，令多少人群情振奋、欢欣鼓舞。因为有了深邃的思想，讲话才增添了无尽的力量。

脱稿讲话要提高洞察力。善于从全局上思考和观察问题，从本质上分析和解决问题，就事论理，对工作实践问题作理性的思考和科学的分析，从中把握工作规律，提出科学对策措施，指导工作实践。

要具有深刻认识，向思想要高度。思想高度就是讲话稿主题的深刻性和正确性，来自作者对客观事物的正确认识。正确认识客观事物，必须具有正确的思想观点和较高的认识水平，需要掌握锐利的思想武器。

这个思想武器就是马克思主义的世界观和方法论。

要认真学习党的理论和路线、方针、政策，领会、掌握其基本原理，就能不断增强正确认识客观事物的本领，提高政策理论水平，进而提高对讲稿思想高度的把握能力，提高洞察力。

有创新力，把道理讲出新意

要做到内容出新应从如下三个方面入手：

一是选取新角度；

二是开发深层次；

三是进行新组合。

李瑞环充满哲理的讲话，常能老树发新芽，旧瓶装新酒，推陈出新，赋予新意。比如，2002 年 5 月 28 日在中英贸易协会上致欢迎词，讲话中对中华民族“和”的思想博古通今，先是从中华文明源头讲“和”字，继而引出孔子、老子、管子等有关“和”的经典语录，然后总结道：“和不是盲从附和，不是不分是非，而是‘和而不同’。和的思想，强调世界万事万物由不同方面，不同要素构成的统一整体……现在我们所说的和，包括了和谐、和睦、和平、和善、祥和、中和等含义，蕴含着和以处众、和衷共济、政通人和、内和外顺等深刻处世哲学和人生理念。”此言之新，新在把握时代脉搏；斯论之新，新在人人心中有却笔下无。

巧妙运用数据，让听众心服口服

领导讲话的目的就是要影响人、教育人，甚至改变人的思想和行为，做到这一点，光靠行政干预的力量还不够，关键是领导讲话要有说服力。

权威性的数据具有较强的说服力。在讲话中，尽可能用一些权威数据来对那些科学性或知识性论点进行论述。哪些是权威性的数据呢？它主要来自国家机关公布的信息、专家的论断、权威新闻媒体的报道、有影响的社会团体公布的正式材料等。这些数据可信度高、权威性强，基本不需要再经证明就可以用来进行论证，具有无可辩驳的说服力。

用来源可靠的信息作为例证。成功的讲话能够让听众觉得真实可信，这类讲话一般都以比较可靠的资料作为观点的支撑，提升说服力。

还可通过引经据典、论述等方法加强讲话稿的说服力。

有感染力，扣人心弦激斗志

注意研究听众心理，把握临场状况，注意“直播”发挥，从容应对局面。要善于利用具有感召力的语言艺术，或用富于哲理的语言，或用奔放的评议，或用火热的评议，或用激励的语言，扣人心弦，励人斗志，“欲擒故纵吊口味，偶露破绽调口味，煽情点火侃口味”，激起群众的热情，增强群众的信心。

有号召力，凝聚人心鼓士气

讲话的目的就是要影响人，教育人，甚至是通过讲话来改变人的思想和行为。要将听众关心的内容讲清楚，不拖泥带水；将听众不明的内容讲明白，不含糊其词；将听众有抵触、有反感的内容讲透彻，不牵强附会。

此外，要有独具的口号。

在脱稿讲话中，一个好的口号可以起到四两拨千斤的作用。口号可以体现一个人的理念、价值、文化内涵、生活主张等等。听众只要听到这句话，就可以管中窥豹，一观对方全局。

口号有巨大魔力，虽然简短，但是在反复重复间，就可以彰显一个人演讲的全部精华，唤起听众的共鸣。

在即兴发言中，如果你有一个不错的口号，只要适时讲出来，顺便用其他几句话滋润一下，就会是一场不错的即时演讲。

具有号召力的口号要精悍有力，便于记忆。为了便于记忆，口号一般都是小短句。所以，口号的每个字词，需要再三斟酌，要能朗朗上口，具有冲击力，让听众在心灵上产生震撼，记忆犹新。另外，在口号中尽量不要使用别人口号中的词语，这会丧失口号的独特性。当然，更不能照搬别人的口号，我们可以从一些大企业的“口号”里，习得一二技巧。

第 17 技：以问题导向警示人

1842 年 5 月，马克思在《集权问题》一文中深刻阐述了抓住时代提出的迫切问题的极端重要性。他说："问题是时代的格言，是表现时代自己内心状态的最实际的呼声。"这就启示我们，该如何认识问题、发现问题、分析问题，并解决问题。

开会讲话，旨在解决问题

讲话稿就是展思路、亮观点，就是提任务、定措施，就是要解决实际问题。

坚定立场，直面问题。习近平总书记强调，要增强问题意识、坚持问题导向。这是我们党开展工作的重要方法。

"问题是时代的声音。"领导干部是人民的代言者，遇到问题，就要有坚定正确的立场，既要在平时的工作中主动发现问题，更要在会上提出问题，要集合正能量，积极推动问题的解决。

实践证明，人民群众中拥有无穷的智慧力量。当前，改革已进入"深水区"，建设中存在的矛盾问题，群众最知情。解决这些问题，领导者当有眼睛向下的胸襟，“望、闻、问、切”的办法，真心诚意问政于基层、问计于群众，虚心征求意见，耐心倾听抱怨，诚心接受批评，在下沉中掌握最质朴、最真实的呼声，带回有真知灼见的高招，在多方汲取基层群众智慧的基础上，拿出实在管用解决问题的办法。

提出问题，方能引发思考

领导讲话稿要充分表达领导的思想和主张，体现领导的个性和特点，反映领导的能力和水平。这就决定了其所讲问题要具有全局意义，而不能事无巨细、就事论事。

敏锐察觉发现问题，尖锐鲜明提出问题。对客观事物中的问题要有敏锐的“触角”，有深厚的洞察力。在众多复杂的社会现象中发觉问题，并且敢于旗帜鲜明地表现自己的观点，阐发观点，一针见血地提出问题实质，发前人所未发，言前人所未言。提出的问题发人深思，超前意识强，具有强烈的思想性，将产生较深的社会效应。这种方法对深化主题有着强烈的震撼作用。

领导者在讲话时既要“顶天”，又要“立地”；既要“站在天安门上想问题”，又要“踩在田埂上做文章”，从而找到思想与现实问题的最佳结合点，真正使讲的内容切中要害、听得解渴过瘾。

分析问题，客观辩证深刻

面对问题，如何把握看问题的高度、深度和准确程度，需要有一个客观科学的态度。

一是要全面、客观地看问题，防止片面性和主观随意性。不管我们喜欢不喜欢、承认不承认，事物总是客观存在的，只有尊重客观，一切从实际出发，才能找到解决问题的办法，才能使讲稿贴近实践需求并起到指导和推动作用。

二是要辩证地看问题，纠正和防止“非此即彼”的思维方式，辩证思维。

三是看问题要深刻，善于透过现象看本质，防止被表面现象所迷惑。讲话稿就是要把话说透，把问题点准，把带有规律性和根本性的东西揭示出来，而不能浮光掠影，流于表面。

在此基础上，要深刻全面分析问题，立足本质剖析问题。主题的深化常常依赖于对问题深刻、全面的分析。要运用逻辑思维透过现象抓本质，由表及里揭示事物的内在联系，使主题在强有力的说服力下得以深化。分析问题要用层层“开门”的手法，把主题自然展开，在分析说明问题时，运用“是什么”“不是什么”“为什么这样”“为什么不那样”“为什么应该这样”“为什么不应该这样”之类正反结合、层层深入的论述，用内在的逻辑力将主题深化。

心中有民，坚持问题导向

坚持问题导向，首先就要明确以什么样的问题为导向。

领导讲话稿，一要以中心工作中存在的问题为导向。中心工作就是党中央、国务院、中央军委部署的，是上级重点抓的、党委重点议的当前列为重头的工作。这些工作事关全局、事关大势。在抓中心工作中，问题和矛盾不可避免。那就要以工作中出现的问题为导向，认真研究、群策群力，以创新的精神、百倍的努力，千方百计地解决好出现的各种问题。要防止不把中心工作放在中心位置，明明看到问题摆在那里，既不上心，也不着急，等一等，看一看，甚至见到问题绕着走的现象。只有把中心工作当中心，把解决其中的问题当作中心的中心，将关键性问题梳理出来，研究透，解决好，才能使中心工作保质保量完成。

二要以履行本职中存在的问题为导向。要把本职履行好，就必须以问题为导向，时刻分析并紧盯履职中的突出问题，以问题为牵引履行本职，是做好工作的基本保证。

三要以群众关心关切的问题为导向。我们的一切工作都是为了人民群众，群众关心关切的问题就是我们应当解决的问题。我们做任何一项工作，都要确保尊重群众的主体地位，坚持深入基层，走近群众，调查实际，倾听呼声，把事关群众的切身利益的问题解决好。

所以说，领导讲话，就必须有的放矢，对症下药，指明方向，交代任务，提出解决问题的思路和办法。

发现多少问题，就有多少积累；解决多少问题，就有多少收获。因此，领导讲话时，一定要树立坚持问题导向的思想观念，敢于直面正视问题，增强认识问题的科学态度，提高分析解决问题的能力素质。如此，才能言之有物，有的放矢，真正警示听众。

第 18 技：以渊博知识丰富人

要想给别人一杯水，自己至少得有一桶水才行。要想讲话讲得精彩、讲得言之有物，首先自己肚子里得有一些“干货”。

讲话中的“干货”从何而来？从丰富的知识中来。

知识赋予语言巨大的魅力。知识能深化道理。同一件事情，同一个观点，知识渊博的人引经据典、旁征博引，能将其讲得有理有据，自然比那些知识匮乏的人说得更透彻、更深刻。

知识让表达更到位、更得体。因此，我们应该多学习，多积累知识，广泛涉猎自然、历史、文学、美学、心理学、伦理学、企业经营管理、商业知识等各方面的知识，在自己的大脑中建立一座取之不尽、用之不竭的知识宝库。正所谓“问渠哪得清如许，为有源头活水来”，有了这样一座知识宝库，在讲话的时候，必能纵横捭阖、辩才无碍。胸有成竹，欲发则出；积之愈深，言之愈佳。

历史知识，可以使人深刻

以史为镜，可以知兴替。忘记历史意味着背叛，不懂历史意味着浅薄。我们的民族历史悠久、文化灿烂，其中很多东西值得我们去认识、把握和继承、利用。运用有关史实，或用于探讨事物发展规律，或用于阐释某种道理，或用于印证观点、警示世人。

理论知识，可以使人清醒

理论来源于实践又指导实践，没有正确的理论就没有正确的实践，领导者必须努力学习和掌握马克思主义，在现阶段特别要全面、准确地领会和把握习近平新时代中国特色社会主义思想，用这一理论武装头脑，指导实践。通过打牢理论功底，增强对实际问题的理性思考，学会用马列主义的立场、观点、方法观察问题和分析问题，并以此贯穿于讲话之中。

经济知识，可以使人精明

经济建设是党的全部工作的中心，包括领导讲话在内的各项工作都要围绕这个中心来进行。很难想象，一个不懂得起码经济常识的领导能够胜任本职工作。因而，要努力学经济、懂经济。这包括经济理论、经济发展规律、经济政策及常用名词术语等，尤其要注意学习市场经济理论和有关知识，把握市场经济运行的规律和特点。有了这些知识，领导者才能贴近改革与建设的实际需要，通过讲话为加快发展献计出力。

科技知识，可以使人聪慧

科学技术是第一生产力。经济和社会发展离不开科技，因而，领导讲话也离不开对科技知识的掌握。要了解科技革命的历史，了解科技创新对于经济发展的重大意义，了解国内外高新技术发展趋势，以适应推进科技进步、转变经济增长方式的需要。同时要积极掌握现代化办公有关技能，使自己成为学科学、懂科学、用科学的新型人才。

法律知识，可以使人机敏

依法治国是党中央提出的宏伟治国方略。随着我国社会主义法制的逐步完善，各种法律法规正日益广泛地覆盖全部经济和社会活动，有法必依、执法必严、违法必究也越来越为推动经济发展和社会进步所必需。因此，领导者要努力学法、懂法，包括基本法和有关专门性的法律法规，即使不可能全部学深学透，也要尽可能地多学、多懂。这样，脱稿讲话时才能体现依法办事的原则，正确使用有关法律概念和规定，不致出现与法律法规相悖的现象。

处世知识，可以利人沟通

处世知识大都是日常生活中的，诸如称呼、访友、求职、待客、赴宴、送礼、赠物、寒暄、探病、致歉、打招呼、打电话、问候、介绍别人、自我介绍、拒绝、祝贺、吊丧等等。所有这些，都各有自己的一套成文或不成文的习惯说法。而这种说法，一般都是自然形成或约定俗成，无须去特别地学习、钻研；只要不脱离社会生活，耳闻目染，即可把握。

文化知识，可以使人博学

文化是大文化，不是仅限于运用文字的能力，而是人类在社会历史发展过程中所制造的物质财富和精神财富的总和，诸如天文、地理、历史、文学、艺术、哲学、经济、法律等等。这些知识体现为成语、典故、佳作、名言、警句之类。它们最能陶冶情操，提高修养、开阔视野，从而使表达者的言辞更具感染力、说服力、吸引力。

专业知识，可以使人擅长

社会上有各种各样的行业，每一个行业都有专门的知识。一个人处在哪个行业，从事什么工作，应当具备本行业、本专业的知识。脱稿讲话时，用好专业知识，可以发挥专长，以利于说明问题。

专业知识的获得，一是靠学习，二是靠实践。社会在发展，知识在更新，即使原来专业知识积累很厚的，在新的形势下，也会产生许多的盲点。

前些年，美国间谍黎凯被我公安机关抓获后，坚持说自己是学者，拒不承认其间谍身份。在多次审讯都无结果后，一次，预审员汲潮与他拉起了家常。黎凯声称他在北京大学研究管子。汲潮问："是管仲吗？"黎凯答："是的，就是中国春秋时期齐国有名的大政治家管仲。"汲潮说："管仲还是个著名的军事家哩！"黎凯不解："是吗？"汲潮说："中国有个成语叫作'老马识途'你知道吧？"黎凯摇摇头。汲潮说："怎么？你专门研究中国的管子，竟然连中国稍有常识的人都知道的'老马识途'的故事也不知道？"黎凯一脸惶惑。汲潮给他讲了这个故事后说："看来，你到中国四年多，研究管子只是一个幌子；你是另有任务，一直在从事非法活动！"以管子研究专家自诩的黎凯，终因并不具备管子的知识而露馅儿。

领导科学，可以使人成熟

领导科学所包含的内容很深、很广，我们不可能全部掌握，但对最基本的内容，如决策要素、决策过程和决策实施方面的知识，驾驭全面、组织指挥、化解矛盾方面的知识，市场经济条件下如何改进工作方法、提高领导水平方面的知识等等，都应有一定的了解。

世界上的知识浩如烟海，一个人的精力和时间是有限的，这就需要我们掌握一些正确的学习方法，不断充实和更新知识。第一，根据本人的知识基础和工作需要，采取缺什么补什么的方法，做好学习计划，选定一批必读的书目。第二，根据难易程度和业务的关联程度，把必读书目分为粗读和通读两大类，粗读即一般了解，把主要的东西记住就可以了，哪怕一目十行也不要紧；通读要逐字、逐句、逐段认真阅读，做到基本弄懂弄通。第三，在粗读、通读的同时，择定个人的主攻领域，即“专”的方向，然后重点研读这方面的书目，即精读，并结合实践进行思考，举一反三，加深记忆和理解，达到触类旁通、融会贯通的目的。第四，在精读的同时，不能疏忽了粗读和通读有关书目，即不能片面求“专”而疏于求“通”，要通过合理分配学习时间，零碎时间用于粗读和通读、整块时间用于精读，使学到的知识既全面又有重点，既不因过于宽泛而停留于一知半解，又不因过于偏狭而显得孤陋寡闻。

第 19 技：以群众语言贴近人

俗话说：到什么山唱什么歌。对讲话者来说，掌握一至两门方言，在讲话中灵活地使用普通话和方言交叉演讲，便于拉近与听众的距离，让人感到很亲近。

群众语言，通俗易懂实在

“群众语言”的特点是大众化、口语化、形象化，具体实在，通俗易懂。用群众语言同群众交流也是践行“群众路线”的具体表现。

毛泽东一生爱与群众打交道，也从群众的言语交谈中学到了很多的俗语、俚语。在毛泽东的讲话与报告中，他将群众的这些语言糅进去，不仅使得讲话质朴而生动，深深为群众所喜爱，也使得许多深奥的道理变得通俗易懂起来。宋朝诗人戴复古说“入妙文章本平淡，等闲言语变瑰奇”，毛泽东就是这样将“俗语俚语”运用得炉火纯青，把“等闲言语变瑰奇”。

说话不仅是一门学问，更是一门艺术。习近平总书记学养深厚，在讲话中，古今中外的各种典故、诗文常常信手拈来。而“习式”语言的另一面，则是善用“大白话”传递治国理念，既“接地气”又“增民气”。如“鞋子合不合脚，自己穿了才知道”“没有比人更高的山，没有比脚更长的路”“明知山有虎，偏向虎山行”……诸如这样的“大白话”、民间谚语、俗语在习近平总书记的讲话中随处可见，这些个性十足的白话语言，成为中国领导人与老百姓交流的独特方式。

想要做好群众工作，就得学会使用“群众语言”，说群众能听懂的话。当年，焦裕禄一声“我是您的儿子”，瞬间拉近了党群干群关系。2015 年春节前夕，习近平总书记赴陕西省考察调研，向革命老区人民和全国各族人民祝贺新春。当夫人彭丽媛陪他来到当年下乡的地方时，他用陕北方言向乡亲们介绍说：“这是我的婆姨。”这样的语言，现在听起来仍是那么亲切温暖。

语言传递感情，增强理解与信任。多用群众耳熟能详的语言，普遍认可的道理，往往事半功倍，达到润物无声的效果。党员干部在传递党的声音、宣传惠民政策时，要贴近群众，多用方言、土语，将一些理论性、政治性的语言，通过大白话形式展示出来，解释清楚，让群众一听就懂、一学就会，这也是“接地气”“接民气”的具体体现。

毛泽东曾说：“群众观点是共产党员革命的出发点与归宿。从群众中来，到群众中去，想问题从群众出发就好办。”学会使用群众语言，首先态度要诚，只有放下架子，扑下身子，多走访多调查，才能拉近与群众的距离；其次说话要真，不空口许诺，不搞花言巧语和官腔官气，在言谈和举止上与群众亲近，群众就会掏心窝子，打开话匣子。

乡音俚语，接地气聚人气

有道是：一方水土养一方人。方言、俚语是一个地方乡土文化的结晶，当地人对此有着特殊的情结。

方言是我国本土多元传统文化的载体，具有鲜明的地域特征，承载着独具特色的地方文化和浓厚的乡情，它在日常生活及讲话中具有使用价值。尽管你不是当地的居民，或者祖籍并不在此，也不妨碍你适当运用乡音来加强感染力。对于当地人来说，你学习他们的语言，就是对他们的尊重，也会激起当地人的自豪感。因此，用乡音作为讲话的调剂品，即使不太标准，也会增强讲话者自身的语言魅力。

雅俗交融，风趣幽默好记

俗语是通俗而广泛流行的定型语句，简练形象。恰当地引用俗语，可以增强讲话或演讲中的幽默感和说服力。

抗战胜利后的一天，上海一幢公寓传出阵阵欢笑，原来画家张大千要返回四川，他的学生们为他送行。梅兰芳等名流也到场作陪。宴会开始，张大千向梅兰芳敬酒，说：“梅先生，你是君子，我是小人，我先敬你一杯！”众宾客都愣住了，梅兰芳也不解其意，笑着询问：“此话作何解释？”张大千笑着朗声答道：“你是君子——动口；我是小人——动手！”满堂来宾，笑声不止。宴会气氛一下子活跃起来。

张大千简单的几句话取得如此好的效果，原因就在于他灵活运用了“君子动口不动手”这一俗语。

此外，谚语是劳动人民在长期的生产和生活实践中总结出来的语言，经历了千百年长期传诵，千锤百炼，凝结着劳动人民丰富的思想感情和智慧。谚语具有寓意深长、语言精练、朗朗上口、便于记忆的特点。谚语和俗语一样，也可以为语言增色。

歇后语也是为广大人民群众所喜闻乐见的语言，歇后语一般由前后两半截组成，前半截是形，后半截解说，像谜底。在谈话中恰当运用歇后语讲话，可增加趣味性，增加语言的表现力。

群众语言也有雅俗之分，在具体使用时雅一点好，还是俗一点好，这要根据不同的场合、不同的听众而定。

第 20 技：以情理交融感动人

古人云："感人心者，莫先乎情。"讲话稿打动听众的重要诀窍在于以情动人，以理服人。要打动别人首先要感动自己，所谓"情动于中方能言发于外"。要说服别人，首先要说服自己。

充满感情，才能打动听众

我们听李瑞环的讲话不难感受到其字里行间的浓浓真情，而且这种情并非无源之水、无本之木，其情植根于他对祖国、对党和人民的深深的爱。

在此略举几个体现他"权为民所用、利为民所谋、情为民所系"的讲话片段："总得给群众提供一个安定的环境，不能让人出门走路也害怕，在家里睡觉也害怕，坐火车也害怕，坐飞机也害怕。不能给群众提供一个安定的环境，不是无理就是无能。""我们是社会主义国家，其他问题可以讲 95%、99%、99.9%，唯独吃饭问题必须讲 100%。""要把群众的利益看得重些、重些、再重些，把个人的得失看得轻些、轻些、再轻些。"

李瑞环的讲话真诚坦率，说真话，道真情。比如在一次讲话中谈到宗教信仰：“公民有信教的自由。你不信、我信，或者我不信、你信，这是个人的私事。不能因为你信神我不信神，或我信神你不信神，就对立起来。我妈妈信佛教，她要烧香，要吃素。我是一个无神论者，我很敬爱我的母亲，我们之间并没有因为信仰的不同闹矛盾。”这段话以自己的母亲信教为例来说明宗教信仰的自由，出语真诚，选例典型，非常具有说服力。

富有激情，才能感动听众

领导者在脱稿讲话时，不仅要考虑到形式、内容以及内在的哲理对讲话效果的作用，还要考虑到讲话的对象是人，所以讲话要以情动人。听众最忌讳讲话者在演讲中盛气凌人，动辄训人，也不喜欢听空洞、干巴的大道理。听众喜欢的是讲话者自己的真情实感。那么，讲话者的真情实感从何而来呢？它不是凭空而来的，也不是故作姿态、逢场作戏，它只能来自实际生活，来自切身的感受。

1917 年 5 月 14 日，一次演讲正在进行着。在演讲台上，一个有着矮壮身材的人正在慷慨陈词，他时而在讲台上来回走动，时而有力地挥动双臂，时而俯身，时而后仰，那激昂的声调、适当的动作，给人以无尽的感染力。

他，就是伟大的思想家、革命家、政治家，著名的演说家列宁。

列宁的演讲可谓独树一帜。不仅演讲的内容结构严谨，论证清晰、有力，善于抓住关键，而且语言通俗易懂、生动形象、一针见血。而最重要的还不是这些，是他饱满的激情和内在的力量。对无产阶级革命必胜的信心，对敌人的蔑视，对人民的爱，是他的激情和力量的源泉。因而在演讲中，他总是那么热情洋溢、精神振奋。同时，他善于借助自己的一言一行将自己的满腔激情灌输到每一个听众的心里。

列宁的演讲，列宁的激情，没有丝毫的矫揉造作的成分。也不以美丽的辞藻来哗众取宠，不以无病呻吟来博取同情，而是以自己坚强的信念和执着的追求以及对是非功过的正确认识来激励、鼓舞群众，号召他们起来斗争。

在演讲和一切艺术活动中，唯真情，才能使人怒；唯真情，才能使人怜；唯真情，才能使人笑；唯真情，才能使人信服。领导者在演讲中应切记这一点。

饱含真情，才能感染听众

真挚而健康的情感可以感染听众，使其按照讲话者的意愿去行动。朴实无华的语言往往能表达真情实感，太多的言语修饰反而会削弱情感的真挚度。

如在学习雷锋动员会上的讲话，首先阐述动员活动的目的。讲话者在开场时，要明确什么活动，还是倡导什么精神，都要向在场的听众说清楚。其次是弘扬可贵精神。在歌颂精神时，讲话者可以穿插一些事例，尤其是一些典型事例，目的是为了感动现场的每一位听众，让他们学习其精神。需要注意的是，说话时的语气，要饱含激情、慷慨激昂，动员会的目的也才更容易实现。最后表示希望。在结尾时，讲话者要提出希望，希望参加动员会的人，要践行实际，倡导精神，争取为动员大会的主题做出更多的贡献。

心怀深情，才能影响听众

把情感融入自己的讲话中，情深意切，非常能打动人心。俗话说："欲晓之以理，必先动之以情。"领导讲话的主要目的就是为了使听众能够信服，所以需要尽可能在双方之间建立起情感的桥梁，才能够以情动人，以理服人。

满腔热情，才能激发听众

即兴讲话的最大特点在于助"兴"。所谓"助兴"，就是指讲话者在环境、对象、内容的感召下，有一种强烈的表达欲望。这种欲望产生于讲话之前，贯穿于讲话的全过程中，它首先应当体现在讲话者的诚挚态度上。诚挚的态度能够直接影响听众的情绪，关系到听众对讲话内容的接受程度。诚挚、热情、坦率的讲话能够吸引听众，能够缩短讲话者与听众之间的距离，使听众始终为讲话者的诚恳坦直所打动，大大增强讲话的实效。

丰富表情，才能传情达意

讲话主要是通过声音传情达意。领导讲话时，讲话者在表意的同时，把语调的高低、语速的快慢、语音的轻重、音量的大小、语气的缓急等直接展现在听者面前。因而，以声音传递情感，往往直接而逼真，可感性很强。因为人的喜怒哀乐，一切骚扰不宁、起伏不定的情绪，连最微妙的波动、最隐蔽的心情，都能由声音直接表达出来，而表达的有力、细致、正确，都无与伦比。据说意大利一著名演员在台上用悲切的语调"朗诵"阿拉伯数字，台下听众居然会潸然泪下。这里听众在欣赏时受感染的乃是声音的抑扬顿挫、丰富多彩。有声语言的情感性，既有内在的思想感情色彩力量，又有外在的高低、强弱、快慢、虚实的声浪形式。综合这两方面，就是平常人们所说的语调、语气、口吻。交谈中，交谈者往往通过声音的强弱、呼吸的急缓、音调的高低、节奏的快慢等营造各种氛围，或慷慨激昂，或激情振奋，或悲痛深沉，或压抑窒息……从而将以声传情作为提高说话水平的重要手段。

势态语是一种借助手势、表情、体态、动作来达意传情的特殊语言。它要借助非有声语言传递信息、表达情感，是参与交际活动的一种不出声的辅助语言。势态语不仅辅助有声语言表情达意，还能体现人的气质风度，显示一个人的人格魅力。

第 21 技：以通俗易懂亲近人

让人听懂是对讲话者最基本的要求。如果你在讲话时单纯求奇、求新而卖弄辞藻，用一些艰涩的语汇和专业术语，让人听起来非常吃力，就会影响听众的情绪。因此，讲话时一定要尽量使用通俗易懂、明白晓畅的语言来表情达意。这样才能让众迅速而又准确地接受和理解，才能给听众留下深刻的印象。

多用口语，通俗浅显易懂

领导讲话是一种口语表达的艺术活动，而口语化则是使领导讲话产生魅力的诀窍之一。

所谓口语化，就是要求领导者在讲话时，语言要“上口”“入耳”。“上口”“入耳”是对领导讲话语言的基本要求。“上口”是对“说”方面的要求，就是讲起话来与平常说话没有什么区别；“入耳”是“听”方面的效果，叫人听起来没有什么语言障碍，如同平时说话一样顺当。所以领导讲话要经得起说与听的考验。

口语化，并不是日常口头语的复制，而是经过加工提炼了的具有规范化、逻辑性的口头语言。

领导讲话表达的口语化要注意：少用文言词，多用现代词；少用方言词，多用通用词；少用书面语，多用口语词；少用抽象语，多用形象词；少用学术语，多用普通词；少用连接词，多用动态词；少用成语，多用俗语。

口语表达，能充分体现通俗晓畅风格的词语。为适应口语表达“口传”“耳收”的特点，领导讲话应多用双音节或多音节词。讲话过程中注意话语中词语音节要搭配匀称，一般单音节词与单音节词相配，双音节词与双音节词相配，或四音节词组与四音节词组相配。注意运用适合于口语表达的句式。通常情况下，形体简短，修饰成分和连带成分少的短句比长句更适于口语表达。要注意运用适合于口语表达的口气。领导讲话时说话的口气及其表达方式对实现口语化也很重要。如果我们的领导讲话用亲切商量的口气，采用与听众谈心的方式来领导讲话，话语就会来得自然、真切，就容易缩短与听众的距离。

多用短句，简洁明快轻松

多采用短句，有这样几个好处。一是可以让表达更明确，听众不需要努力辨听就能轻而易举地理解演讲内容，感觉轻松；二是短句句式多样，还能采用排比、对偶、顶针等修辞手段化散为整，将短句整合成整句，这样便会让表达更紧凑有力，严密集中。

在表达过程中，相对于长句，短句更容易被听众接受听信，理解得更为透彻深入，从而融入其中，被发言者带动情绪。除此之外，要把长句改成适听的短句，把倒装句改为常规句，把生僻的词换成常用的词，把容易误听的词换成不易误听的词。这样，才能保证脱稿讲话的内容说起来朗朗上口，听起来清楚明白。林语堂有句名言："演讲要像女人的迷你裙，越短越好。"这句话对于即兴发言同样适用，多用短句，让发言表达简洁明快，让自己说得轻松，让听众听得愉快。

讲明白话，深刻生动形象

用明白的语言解释难理解的术语。领导者在领导讲话时，常常运用一些专业术语和比较抽象的科学概念。怎样把它们解释明白，这就是语言的通俗化问题。一是要注意用浅显易懂的形象事物解释抽象的概念；二是用举例来说明听众陌生的事物；三是用对比的手法解释某种现象。

关于怎样使语言朴素这个问题，郭沫若在《关于文风问题答〈新观察〉记者问》一文中给予了解答："要使文章生动，我想，少用形容词是一个秘诀。现在有些文章有了毛病，就是爱堆砌形容词，而且总是爱用最高级的形容词。比如嫌'十分'不够，一定要说'二十分'，'二十分'还嫌不够，一定要说'十二万分'；其实你说得愈极端化，效果愈见少，别人是愈不相信的。语言要在词语的锤炼上下功夫，把普普通通的词语用得巧妙，让它放出光彩。”

讲大众话，具体有趣有味

讲话要吸引人，不仅要通俗易懂，还要生动有趣。要注意运用听众比较熟悉的特定的地点、特定的节目或有象征意义和纪念意义的实物来作比，运用明确具体、形象生动的语言来阐述事理，不能颠来倒去总用那几个词。

讲实在话，朴实亲切平易

领导者讲话要讲符合实际的话，使听者能够接受的话，不打官腔，不要故弄玄虚，不要用大话压人，用虚话蒙蔽人。

李瑞环在任天津市长期间，有一次到天津大学对话座谈。

有人提出：“怎样看待大学生的价值问题？”

李瑞环是这样发言的：“人们怎么看你们，这不重要。重要的是你们自己怎么看自己。你们看没看到未来是属于你们的？……大学生自己认识没认识到自己的地位？认识没认识到将来肩负的历史重任？要叫别人看重自己，首先自己看重自己。大学生要把自己摆在未来主人的位置上来要求，要有使命感。上大学是很不容易的，想挤进天津大学的有多少人？家里对你们寄予多大的希望？你们要珍惜时间，集中精力，认真读书学习，为将来建设国家、管理国家打下雄厚的基础。”

在这两段话中，李瑞环的第一段话着重谈大学生应该怎样认识自己的价值，说的是十分浅显的“大学生是未来主人”的客观规律，虽有政策色彩，但语词平朴恳切，寓深刻的人生哲理于平凡的语言中，没有任何说教的色彩。第二段话简直是在唠家常，学生听来十分亲切。这些平易的话语，也表现出李瑞环同志朴素、和蔼的工作作风，同时，正是李瑞环同志具备朴实的作风，才能说出这段平易的话语。

第 22 技：以表达丰富愉悦人

我们唱歌有歌谱，讲话也应该有话谱才对，这话谱就是表达形式。

一个完整的讲话内容应该是 7% 的文字内容，加上 38% 的语调语速，加上 55% 的形体语言。由此可见，除了讲话本身的内容之外，语调、语速和节奏、发言以及形体语言，在讲话中起着至关重要的作用。如果一个人讲话的语调从头到尾都是平的，听话的人就会感觉你讲的话枯燥无味而失去兴趣。那么，这样的讲话也就毫无吸引力和感染力了。

抑扬顿挫，重视语调操控

我们许多人在高速公路上开过车，大都会有这样一种体会：如果行驶的道路蜿蜒曲折或者人多车多，驾车司机的精力就高度集中。反之，如果道路长时间是笔直的，驾车司机的注意力就会下降，甚至感觉疲劳而乏味，进入半梦半醒的睡眠状态。根据科学调查发现，这种笔直的路况最容易发生交通事故。

同样的道理，在脱稿讲话过程中，如果讲话者在语调上总是一成不变，就会让听众的耳朵“打瞌睡”，其讲话效果就会大打折扣。因此，一个人要想使自己的讲话更具吸引力，不仅要在讲话内容上下足功夫，更要在语调上多多琢磨，也就是要重视语调的变化。因为，从某种程度上说，一场语调抑扬顿挫的讲话，要比语调平直、节奏单调的讲话更具感染力。

平时一般场合的脱稿讲话的声音大一点好呢，还是小一点好？答案是适中为好。那怎样才能做到适中呢？做到适中的方法和技巧不是自己把自己的声音调到自我感觉适中就好，而是让听众听起来感觉舒服，才叫适中。听众听起来感觉舒服的标准从何而来呢？这就要您平时脱稿讲话时多留意一下最后一排的听众，观察他们在听您讲话时的体态，尤其是头部动作。如果坐着听得很安详，说明您的声音正合适，如果他们身子往后，头部有些往后仰，就是在给您传递信号——您的声音有点大了；如果最后一排听众头部动作感觉是在侧耳细听，这是在给您传递信号——您的声音有点小。由此可见，脱稿讲话语音语调主要是通过观察现场听众的反应来寻找平衡点。

首先，脱稿讲话都要未曾开口先提醒自己，不能说得太快，要让听众听清楚；其次，平时在与人沟通时，注意观察对方的反应，尽可能地放慢自己的语速，让对方听明白；再就是在讲话的过程中多注意用目光与听众交流，渐渐培养不看听众不说话的习惯，这叫用目光调节自己的语速。还可以在讲的过程中多穿插些设问。设问能起到两个作用：一是引起听众的注意；二是控制自己的语速。把握好了语速，节奏自然就有了。

对于脱稿讲话来说，语调就是语言的生命。

因此，要通过语调高低来表达感情。所谓语调高低，就是在说话时，高音和低音相互区分。高音就是升调，在句末时达到最高音，一般疑问句用高音；低音就是降调，在句末时达到最低音，一般在陈述句、祈使句和感叹句中使用。脱稿讲话时，注意把握语言的高低起伏和抑扬顿挫的变化，再根据内容、感情进行搭配，才能达到自己想要的讲话效果。

要通过语调的快慢变化来传情达意。语调是有快慢之分的。只有快慢有致，我们的讲话才能被别人有效地接听。如果语速不当，别人可能听不清，也就感受不到你的情绪。一般来说，在表达平静心态时，可以语速适中，不快不慢。而表达热烈、兴奋、激动、愤怒、紧急、呼唤等等情绪时，发言就要势如破竹、快速直接；相应地，如果表达思念、悲伤、沉寂、失落、失望的情绪，语调就可以放慢些，娓娓道来。所以，快与慢应该交替使用，讲话时做到快慢结合、快而不乱、慢而不拖、抑扬顿挫、张弛有度。

要入耳、入脑、入心。如果脱稿讲话的声音太小，让听众听得累，自然达不到“入耳”的基本要求。连声音都让听众听不清，谈何脱稿讲话的效果？为此，建议脱稿讲话声音小、声发颤的朋友，要先把自己的声音打开，才能做到抑扬顿挫，根据不同的场合调整好适中的声音。相反，嗓门大的朋友，脱稿讲话时要有意识地压一压，否则，声音过大，会让人听得不舒服。

要在表达的过程中做到抑扬顿挫。脱稿讲话要像音乐一样，声音要有高高低低、“大珠小珠落玉盘”的听觉效果。平时练习抑扬顿挫，可以找自己喜欢的文章，根据文中内容和情感表达的意思，在需要强调的词语下面标上黑点，意为重音强调。反复练习朗读，直至熟练自然为止。另一种方法是跟着电视或广播中您喜欢的主持人的播报来同声练习，模仿他或她的抑扬顿挫。如此坚持数日，必有成效。

铿锵有力，重视停顿掌控

停顿，是脱稿讲话中奇妙的“休止符”。恰到好处的停顿往往比语言能更有效地传达思想，更具有戏剧性。

每个领导都希望自己在脱稿讲话的时候，声音抑扬顿挫、铿锵有力。这样一来，讲话不仅能够令听众感到轻松愉悦，而且不容易产生语言上的误解或歧义。

十九世纪英国作家和思想家卡莱尔所说：“沉默与语言相互配合，能创造产生双重的意境。”停顿所表达的意义是丰富多彩的。既可以是欣然的赞许，也可以是无声的抗议；既可以是威严的震慑，也可以是心虚的流露；既可以是爽快的默认，也可以是无言的拒绝。“没有一点声音，没有任何喝彩，只有那震耳欲聋的深沉的静寂。”这就是默语的最佳传播效能。

美国前总统里根政治生涯的高峰之一，是他在 1980 年共和党全国代表大会上接受总统候选人提名时发表的演说。这次演说的高潮是在最后结束之时，里根突然停顿一下，他环顾了一下台下的听众，接着把目光投向电视摄像机镜头，大声地说："我想起了一件事，这本不是我演说的一部分，我不知道该不该说。"说到这里，又停顿了一下，然后赞美地把美国说成是"渴望呼吸自由空气"的人的避难所。接着他说："我承认，我有些不敢提出我的建议，但是我更不敢不提出这一建议。"他的建议就是请所有在场的人，同他一起为他将要进行的"征战"默默地祈祷几分钟。于是全场没有一点声音，只有那深沉的寂静。这次演说一举巩固了里根竞选总统的共和党党内基础，众志成城，为他登上美国总统宝座增加了筹码。

里根的第一次停顿，是转换话题，也是脱稿讲话中的即兴发挥；第二次停顿，则是欲说又止，"犹抱琵琶半遮面"，体现自己的真诚和勇气，激发听众心理的求知欲；第三次停顿，则是虔诚地引导听众一起去"征战"竞选。长达几分钟的沉默，在脱稿讲话中是很少见到的。一般情况下，当我们转换语言，承上启下，或提出重点，总结中心思想，概括主要内容时就需要适时的停顿，而静默的时间一般不超出十秒。特别需要停顿的地方，也以不超出一分钟为宜。

一般说来，停顿有以下几种：

语法停顿。这类停顿也叫自然停顿，也就是说一个词中间是不能停顿的。标点符号是语句停顿的主要依据。不同的标点符号包含着不同的内容，因此其停顿的时间、方式也不一样。一般情况下，段落之间的停顿时间最长，次之是层次，再次之是句子。在句子中，句号、问号、感叹号表示停顿的时间最长，分号、冒号、逗号再次之，顿号的停顿时间最短。

逻辑停顿。文字语言中写有标点的地方一般需要停顿，但在一个句子中间，为了准确地表达语意，揭示语言的内在联系，突出强调某一事物，可根据文义合理地划分词组，做一些适当的停顿。词组之间的停顿千变万化，是停是连还须以表意准确清晰为出发点，做出适当的选择。

感情停顿。也叫“心理停顿”，是为了表达语言蕴含的某种感情或心理状态所采取的停顿。如果说，逻辑停顿为理智服务，那么，感情停顿为感情服务，是表示一种微妙和复杂的心理感受而做的停顿。恰当地运用感情停顿可使悲痛、激动、紧张、疑虑、沉吟、回忆、思索、想象等各种感情和心理状态的表达更加准确。感情停顿是一种极其重要的语言表达技巧，它能充分展现“潜台词”的魅力，使听众从“停顿”中体会语言的丰富内涵和难以言表的感情，从而使语言更加生动。

生理停顿。就是停下来换口气，这种停顿是与以上三种停顿结合在一起进行的。这种停顿必须服从语法、逻辑和事态的需要，一般不单独进行。停顿的气息处理，必须根据语言的内容合理控制，有时急停，有时缓停，有时强停，有时弱停。大的停顿要换气，小的停顿要偷气（不明显的换气），其他地方要一气呵成。这种气息强弱急缓的变化，是停顿表情达意的必要手段。

特殊停顿。这种停顿是为了加强某种特殊效果而做的停顿。其表现力主要有四个方面：可以变含糊为清晰，如：“我（停）自豪，我是光荣的北斗星通人！”强调“我”是最重要的，其他人比不上你的重要性；变平淡为突出；变平直为起伏，如“在座的人 / 谁 / 都明白”就有起伏；变松散为整齐。

当然，停顿还要注意接头要扣“环”，即前后两个相连的句子，第一句的句尾低，那么第二句的句首也要低，给人感觉环环相扣。层次要“抱团”，句子的末尾音节不要往下滑，每层的意思要有鲜明的起始感、整体感。

高低起伏，重视节奏把控

什么是讲话的节奏？讲话时思想感情的起伏变化，结构的疏密松散，语调的抑扬顿挫、轻重缓急，这些有秩序、有规律、有节拍的组合，便形成节奏。跌宕起伏的节奏，清晰响亮的语音，能够激起听众情感的波澜，让脱稿讲话更加打动人心。

在讲话中，只有很好地调整节奏，才能使你的声音听起来入耳，才能打动人心。高亢的节奏可以营造出威武雄壮的效果，低沉的节奏营造的是庄严沉闷的效果，凝重的节奏营造的是一字千钧的感觉，轻快的节奏则让听众有亲切感，紧张的节奏则可以引起听众的紧张感和注意力，舒缓的节奏则给人气定神闲的感觉，因此，脱稿讲话要根据自身讲话的内容和性质，选择合适的节奏，才能达到讲话的效果和目的。

要根据现场的情绪和气氛调整节奏。适时地用讲话节奏的停顿，去消除听众可能产生的兴奋感。场合大的现场，节奏可慢点，场合小的现场，节奏可快点。

要根据感情表达的需要调整节奏。在感情表达需要的前提下，该快则快，该慢则慢，做到“快有章法，慢有条理”。当讲话者要表达急切、震怒、兴奋、激昂的感情时，快速的连珠炮般的讲话，便能使听众产生一种亢奋感和紧迫感，以激起听众的振奋与共鸣。当要表达悲哀、思索等感情时，则要放慢节奏，使听众产生一种深邃感。

要根据讲话内容的变化调整节奏。节奏变化主要是通过讲话内容的变换来实现的。在适当的地方插入些诗文、轶事、幽默等类的话语，将理论与生动的形象结合起来，如磁铁一样，吸引着听众；如电光石火一般，照亮每一个听众的心灵。总之，在感情、情绪气氛、内容需要的前提下，进行有急有缓、有断有连、有起有伏、有张有弛的语言节奏的变化，就一定会挥洒自如地弹奏出一曲雄浑悦耳的乐章。

要根据听众来把握节奏。对于年轻的听众，精力充沛，反应灵敏，他们的思维和举止很敏捷，可快一点；对小朋友、老人家讲话，因为他们接受迟缓，反应不快，可把音节的时值拉长，语流中间停顿可久点。听众情绪受到干扰时慢点，情绪旺盛时快点。讲述一些需要听众特别注意之事时，讲述有关数字、人名、地名时，引起疑问之事时，节奏一定要慢点儿。

第 23 技：以无声语言感化人

无声语言是指脱稿讲话时的体态、目光、手势、表情等非言语因素所传递出的信息和情感。脱稿讲话时无声语言和言语表达方式同等重要，都属于脱稿讲话的“表达技巧”。美国加州大学洛杉矶分校的科学家艾伯特·梅拉比安在他的《无声的信息》一书中，研究表达和交流的技巧。他发现，无声语言也是意识、思维的表达方式之一。在脱稿讲话中起着暗示、强调、补充、修饰以及渲染等表达作用；当同场的几个脱稿讲话者的讲话内容水平相当时，无声语言的表达技巧是脱稿讲话中最具决定性的因素，其次是语调、节奏等与语言相关的因素。

体态语言，准确传递信息

脱稿讲话者，最先传达给听众的信息，不是他一开口说的是什么，而是他开口前后 90 秒内体态语言传达出的信息。

自信的表达首先来自体态语言，自信的体态语言是腿要脚踏实地站稳，腰部耸立，头既不能仰得太高，也不能低着头讲话。仰着头讲话会给人高傲之感；低着头讲话让人又感觉不自信。因为在整个体态中，头是人身上最突出的部位，其表达情感，传递信息的作用非常明显。因此，对脱稿讲话者来说，尤其要注意头部动作。

唐代诗人李白那首脍炙人口的小诗《静夜思》：“床前明月光，疑是地上霜。举头望明月，低头思故乡。”这首小诗里没有奇特的想象，也没有华美的辞藻，只是一个“举头”，一个“低头”，便把诗人旅途思乡的情怀表达得淋漓尽致。“举头”传递的是思乡之情；“低头”则表达的是思乡之切。一“举”一“低”的两个头部动作，深刻地表达了诗人当时内心的思想情感。

再比如，现代诗人徐志摩 1924 年 7 月随印度诗人泰戈尔访问日本，临别回国时，日本侍女的一个低头动作，给他留下了极深的印象，他感到这一低头，传递给他的是无比的温柔和娇羞：“最是那一低头的温柔，像一朵水莲花不胜凉风的娇羞。”日本侍女的动人之处，他感受到的，不是明亮的眼睛，红润的嘴唇，雪白的肌肤，纤巧的手臂，婀娜的身姿，艳丽的和服，而单单感受到了那夺人心魄的温柔的低头。我们就是现在提到这诗时，想必也会打开您那形象思维的翅膀，也会为那“一低头”感触万端。足见，头部动作在我们脱稿讲话时不可忽视。脱稿讲话的高手，不仅知道如何避免因头部动作不合适给听众传递出不恰当的信息，还会利用头部动作与身体姿态和谐传递信息，准确表达讲话时内心的情感。

目光语言，生动传递情感

常言说：眼睛是心灵的窗口。古今中外都这样认为，国外学者海斯写过一本《会说话的眼睛》。该书提到目光是人与人沟通中最清楚、最准确的讯号传达者。一个人的内心世界是个什么样，都可以透过这扇窗户透露出来，脱稿讲话者自身的喜怒哀愁乐，有时用不着仔细听他说什么，只须留意他的眼神，就能领悟其内心的活动，知道他究竟想表达什么意思。眼神所传达的信息，往往超过有声言语的发送。难怪已故西班牙哲学家加塞特在其著作《人和人民》中，把目光看成是从人的内心发出的百发百中的子弹……

脱稿讲话时，还有两种目光会给听众带来负面的影响，需加以注意。

一是讲话中时不时地闭眼睛。这一目光语言所传递的信息是想把听众挡在视线之外的意思，研究者曾特意做过观察分析，在讲话时，一般是每分钟眨眼 6~8 次。

二是看自己鼻子说话。当发现某人虽不闭眼睛说话，但给人感觉是在看着自己的鼻子说话，则传递的是负面态度。此种目光语言给听众的感觉，要么是不友好的信息，要么是在他们面前表达优越感。

脱稿讲话时一方面要注意与听众的目光交流，另一方面要注意调控听众的目光，以帮助听众尽可能多地接受你所传递的信息。有关研究显示，传递到人脑的资料中，有 80% 以上是靠眼睛的。这就给我们一个提示，在脱稿讲话时，要尽可能使用画面性的语言，虽说听众是在听您讲，能让听众通过您的语言看得见、摸得着您所表达的内容，这样会大大地增强您的脱稿讲话效果。

手势语言，形象表达思想

手势是通过手和手指活动传递信息，是态势语言的重要表达方式。人的手势变化形态繁多，表达内容丰富，具有极强的表现力和吸引力。毛泽东在演讲时，常有一个叉腰的手势，孙中山先生演讲时常常拄着手杖，斯大林同志在演讲时习惯拿着烟斗，边讲边摇，这些手势成为他们在演讲中独特的风格。第二次世界大战时期，英国首相丘吉尔在结束电视讲话时，曾举起握拳的右手，然后伸出食指和中指构成“V”形，以象征英文“胜利”一词的开头字母，结果引起全国人民的欢呼，因为这个手势十分形象地表达了英国人民战胜法西斯的必胜决心和信心。

正确的手势可以在视觉效果上表达并补充语言中的意思，因而它可以起到强调的作用。使用手势语言可以帮助讲话者吸引听众的兴趣和注意力。

根据手的不同状态和活动部位，手势动作可分为手指动作、手掌动作和握拳动作。而领导干部在讲话时，需要细心辨识和掌握这些手势语言，因为它们常常包含了很多复杂的意义。手势的部位、幅度、方向、急缓、形状、角度等不同，所表达的思想含义和感情色彩也有很大差别。讲话时不可拘泥于某种固定的模式，而要根据讲话内容的不同，灵活地运用不同的手势。

要特别注意一点，手势动作只有在与口语表达密切配合时，它所表达的含义才最为生动具体。你的手势必须随讲话的内容、自己的情感和现场的气氛自然地表现出来。手势应与讲话的有声语言、面部表情、身体姿态密切配合，协调一致，不能生搬硬套勉强地凑手势。

手势的运用除了发自内心地去表达之外，还要知道有四种手势在讲话时加以运用，是能增强表达效果的，哪四种呢?

一是数字手势，当脱稿讲话所表达的内容涉及数字时，同时伸出相应的手指，这样就会起到强调的作用。

二是指代手势，当脱稿讲话内容涉及方位，比如说到“上面”“下面”“在座的大家”“我”时，最好用手指向一下，这样会让听众感到您传递的信息更明确，这时手势起到了补充的作用。

三是描述手势，当您的脱稿讲话内容涉及形容词，比如说到某样东西“大”时，伸出手比画一下，让听众感觉一下有多大；或当遇到单纯用言语说不清楚时，也最好借助手势加以说明，比如在说一样东西是什么样时。

四是功能手势，是指表达特殊含义的手势，比如，向听众伸出大拇指表示肯定，用右手摸着自己的心脏表达真诚，用攥拳表达自己的信心等。

表情语言，展现内心世界

《左传》中说：“人心之不同，如其面焉。”即在提醒人们，表情是一个人内心的反映。

魅力表情的传递，除了眼睛之外，还有眉毛、嘴巴等，人的表情变化都是通过这些表情因素传递出来的。

眼睛是心灵的窗户，最能传情达意。在脱稿讲话时，眼神可以起到辅助语言的作用，有时甚至可以直接代替语言。扫视，是在打招呼，体验听众的情绪，帮助静场；对视，是最有内涵的眉目语言，或感谢，或赞许，或征询，或探讨；虚视，就是不断地在全场扫视，其实是谁也没有看，营造一种交流的感觉。

比如眉毛，鲁迅先生诗云“横眉冷对千夫指”，其横眉，表达的情感是蔑视，又表示自己的无畏，传递出的情感是准确的。如果换成“扬眉”“皱眉”“展眉”之类的就不恰当了。脱稿讲话当表达兴奋、愉悦的情感时，宜扬眉；当要表达不认可、为难时宜皱眉；心平气和地讲话应该是展眉。表达内心的喜悦和兴奋时，要满面春风；表达对听众的热情和友好时，要和颜悦色；表达对腐败的痛恶，要疾言厉色；表达内心的痛苦和悲悯，要眼含泪水，神色凝重……

当然，以上列举的种种表情只适宜在特殊场合、特殊环境、表达特殊内容时流露。作为职场中的脱稿讲话者最应具备的表情是微笑。在社交场合一上场或开口前面带微笑，表达的是友好、善意、亲和的讲话态度，渲染出的是一种融洽和谐的交际氛围。《诗经·卫风·硕人》中的“巧笑倩兮，美目盼兮”，古人早就意识到了。

讲话时的面部表情与口语表达要协调一致，如此才能准确地反映自己的思想感情，换句话说，面部表情和有声语言的表情达意应该同步进行。当然，为了有效传递信息、交流感情，要尽量避免使用消极的表情，否则会在听众中产生不良影响，形成离心效应。

在使用面部表情时需要注意以下几个方面：

面带微笑。曾在美国哈佛大学担任校长三十年的叶洛特博士说：“微笑是人际交往成功的催化剂。”微笑是自信的标志、礼貌的象征、涵养的外化、情感的体现。在讲话中可以象征性格开朗与温和，可以建立融洽气氛，消除听众的抵触情绪，可以激发感情，缓解矛盾。

使用积极的面部表情。一个讲话者的面部表情以及神态对听众的情绪有着很大的影响，所以不要使用这样一些消极的面部表情：傲慢的表情，会伤害到听众的自尊心；慌忙的表情，会让听众无法信任你；无所谓的表情，会给听众一种消极的感觉；冷漠的表情，会让听众感到不亲切；卑屈的表情，会让听众低估你的能力。

用你的表情及神色调节气氛。真切自然的面部表情可以为有效沟通提供一种渠道，所以，千万不要让当众说话带来的紧张压力把你的脸变成一张面无表情的“扑克脸”。通常面部表情的变化先于说话预报了气氛或心情的转换。当你说到“更为严重的……”时，你可以采用一种更为高明的过渡，那就是：用一副忧心忡忡的皱眉蹙额的表情取代原本欢欣愉快的面容。

让表情再亲切一些。讲话中，表情拘谨木然，会影响演讲的感染力和鼓动力。有的讲话者死死地盯着手里的讲话稿或提纲，或者上台后仍然苦思冥想，目不斜视，像小学生背书一样背诵讲话稿，面部表情呆板僵硬，冷若冰霜，听众对此讥讽之为“铁面人”“白雪公主”。

让表情丰富生动一些。表情随着讲话内容和讲话者的情绪发展而变化，即顺乎自然，又富于变化，一笑一颦，都能够和内容合拍，把听众引入演讲者所希望达到的形象、情感、理性的各种境界中，或者把听众的情绪由低调引向高潮，使听众产生强烈的共鸣。

综上所述，如果您在脱稿讲话中能够重视体态表现，强化目光交流，善用手势，再适当留意自己的表情，定会为自己的脱稿讲话增添魅力。

第 24 技：以语言魅力折服人

一个领导说话是否有水平、有效果，除了他所具备的说话能力之外，还有一个重要因素，就是他的语言魅力。成功的领导者大多会注重自己语言魅力的锤炼，运用风趣、幽默的语言，调动员工的积极性，促进管理工作的进行。

语言魅力，展示领导形象

1988 年美国总统竞选，民主党在选民中造成了布什毫无独立主张的这一印象，他们甚至称“布什是里根的影子”。在交谈时，民主党人总爱用挖苦的口气问：“布什在哪里？”面对这样的问题该如何回答才能恰到好处呢？布什的竞选顾问、老资格政治公关专家艾尔斯，为布什设计了一个回答：“布什在家里，同夫人芭芭拉在一起，这有错吗？”艾尔斯为布什设计的回答颇具艺术性，为布什的政治家风度增添了不少光彩，这就是口才的魅力。

语言大师林语堂有“语言的艺术”一说，意思就是，语言不是一般的工具，使用起来也不同于其他工具。俗话说：“锦于心而绣于口。”

声音是语言的载体，美妙的声音能带给人美的享受，使别人都爱听自己所说的话，所以领导者在脱稿讲话的时候，要注意使自己的声音富有感染力，这样才能够打动别人。

语言生动，才能体现魅力

动之以情。领导干部在讲话时，“情”是讲话得以成功的起点，也是沟通听众的桥梁。因此，在讲话过程中，语言要富有人情味、感染力，要以情感人、以情动人，以情打动听众的心，调动听众的情绪。

言必有理。理要贯穿于讲话的整个过程中。作为一位出色的领导干部，在讲话的时候，要善于使用富于哲理、有较强逻辑性、深入浅出、言简意赅的语言，给听众以启迪和深思。

言必有物。领导干部在讲话时，所讲内容要有血有肉，并注重材料和观点的统一，注意理论与实际的结合。

言必出新。领导干部是上级路线方针和政策的宣传者，因此讲话要有时代感、新鲜感，能够带来新的信息、新的知识和新的内容，以增强讲话的力度和吸引力。

一要把讲话的语言“图像化”。领导干部讲话的第一目标是驾驭听众的注意力。要做到这一点，有一种极为重要的技巧，那就是使用能形成图画般鲜明景象的词句。能够让听众听起来轻松愉快的讲演者，是最能塑造景象在你眼前浮现的人。

二要把讲话过程“戏剧化”。要想使自己的讲话更具有形象性，你需要让讲话过程充满戏剧化。戏剧化的语言，听众容易理解接受。如 1927 年秋收起义失败后，毛泽东在浏阳对那些被打散后又重新集结的起义队伍讲话时曾说：“我们工农武装的力量还很小，就好比一块小石头；蒋介石反动派现在的力量还很大，就好比一口大水缸。只要我们咬紧牙，挺过这一关，我相信我们这块小石头总有一天会打烂蒋介石那口大水缸的！”

巧用谐音。卡耐基认为，讲话时巧妙地运用谐音法在实际讲话中，可以化平淡为神奇，取得出人意料的戏剧性效果。当然谐音法有不同种类的用法，在特殊情况下，不愿明言指责，运用谐音法可以达到委婉的效果；运用谐音法，可以对不便说明的丑恶现象和人物进行讽刺鞭笞；讲话中利用某个字的谐音关系，可以委婉地表明自己对某件事情的态度。

颠倒词序。在讲话中，颠倒词序可以增强语意，使你的语言更加深刻，从而取得戏剧性的讲话效果。古今中外的许多名言格言，是运用颠倒词序法，以增强语意的表达效果。

口才训练大师卡耐基强调：“一个人的成功，只有 15% 归功于他的专业知识，还有 85% 归功于他表达思想、领导他人及唤起他人热情的能力，即其驾驭语言的口语表达能力。”领导者的好口才还包括较高的认知水平和思维能力。在工作中，只有那些具备较高思想水平和政策水平的领导者，才能在自己讲话时高屋建瓴，并且从全局和事物发展的大势上把握问题、思考问题和解决问题。自然，他们也就能以自己的领导魅力征服员工，促进自己管理工作的正常进行。

吸引人心，才能赢得尊重

古人有诗云：“绿荫不减来时路，添得黄鹂四五声。”在众人熟悉的绿荫如画的景色中，又传来黄鹂的欢快叫声，别有一番情调，更能吸引人熏。同理，如果脱稿讲话时能在平实的言谈中，巧妙地渗入一些新的东西，就能使自己的言谈充分体现迷人魅力带来积极影响。

选用有色彩、有形象的语词。色彩词和形象词可将听觉形象转化为视觉形象，而视觉形象留给人的印象往往比听觉形象留下的印象更深刻。日本三洋公司的井植熏说：“我在公司的人才培养上，采用的是‘水涨船高’的办法，水就是全体公司职工，首先是把水位提高，船是浮在水面上的出色人才，水涨高了，船才能更高。‘水落石出’是企业在人才培养问题上无所作为的一种结果，水流干了，露出来的几位突出人才，充其量只是一般的肯干的干部。”拿水涨船高与水落石出相比，对比强烈，形象鲜明，效果集中，语言技巧的高超运用，由此可见一斑。

运用多种修辞手法。这些修辞手法，可用浅显通俗的事物或道理来说明比较复杂、抽象的事物或深奥难懂的道理。用假托的故事或自然物的拟人手法来说明某个道理或教训，常常带有讽刺或劝诫的性质。

注意寓理于事。就是把深刻的道理寓于具体事实之中。要学会运用典型的事例阐明事理，增强语言的魅力。

第 25 技：以口吐莲花折服人

一位哲人说过：“世间有一种成就可以使人很快地完成伟业，并获得世人的认识，那就是讲话令人喜悦的能力。”

越有激情，听众越会热情

对讲题要有深刻的感受。这一点非常重要。如果你对这个题目有实际接触和经验，对它充满了热情，就能激发听众的兴趣。

要描述真实感受。你将自己的感受描述得越清楚，越能生动逼真地表达自己内心的思想感情。千万不要抑制自己，也不要在自己真实感人的热情上头加个阀门。要让听众知道，你对自己谈论的题目有多热情，他们的注意力便会被你吸引。

要表现出内心的热情。听众总是容易被你内心的热情所感染。要知道，调动听众的情绪完全取决于你自身。讲话之前，你可以深吸一口气。不要靠着讲桌，抬起头，仰起下颌，告诉自己：“我现在就要给听众讲一些有价值的事情。”在这种暗示下，你全身的每一部分都应该清楚地让他们知道这一点。威廉·詹姆斯的著作《有效记忆的技巧》中，以罗斯福为例，说他“活泼而愉快地度过了一生，他充满了雀跃、活力和热情。这些正是他的特征。他总是对自己要处理的一切事情充满浓厚的兴趣，浑然忘我，或者假装得就像这个样子”。总而言之，要牢牢记住这句话：如果你表现出热情，你就会感到热情。

越有风格，听众越有兴趣

在讲话中，你的每一个动作、神情，甚至每一个词句都展现了你之所以是你的那些东西——那些只属于你自己的个性的东西，这时候的你是独一无二的。

一个人说话的风格，与他人说话的方式，可以反映出一个人的态度与涵养。

我们要牢记，你就是你，你本身是什么样就是什么样，无论别人是否喜欢，你至少要让他知道你是真诚地对待他的，不是假装的。作为一名当众讲话者，这就是你最宝贵的财富。一定要抓住它，珍惜它，并努力发挥它，它将会让你的讲话产生巨大的力量。这是你个性中唯一而且真实的凭证。千万不要把自己装进模子里，抹杀了自己的个性。只有把话说得与众不同，才更具有感染力和说服力。

越有气势，听众越受感染

在讲话中，我们需要表现出一定的气势，使讲话具有感染力，这样才能更好地展现出讲话者的魅力和领导自身的形象。

领导干部要想使自己的讲话气势恢宏，具有感染力。那么“生命力、活力、热情”，是讲话者必须具备的条件。那么，怎样才能发表具有感染力的演说呢？

要投入全部情感。在这里，我们要学习演员的功夫，该哭的时候要哭，该笑的时候要笑。所以你在讲话的时候，不要抑制自己的情感，也不要掩饰自己的那种狂热。你可以通过自己的意愿去感染听众，让听众看看，你对谈论自己的题目有多热诚，如此，他们的注意力便在你的掌握之中了。

要选择动人的话题。如果你对所选择的题目充满热忱，或者你因对题目曾作深思或有着个人的关切，因而满心热诚，那么就不用担心讲话时场面不热烈了。几乎所有的领导者都会怀疑，自己选择的题目能否激起听众的兴趣。其实，只有一个方法能让他们感兴趣：点燃自己对话题的狂热，再感染他们，就不怕不吸引听众的兴趣了。

要表现出高涨的情绪。面对听众讲话时，要以一副满心企盼的神态。有时候，轻快跳跃的脚步也许大部分是装出来的，但是却会为你创造奇迹，并令听众觉得你有自己非常热切的想要谈的事情。在正式讲话之前，深呼吸，不要靠着讲桌；头抬高，下颌仰起。

要在声音语气上下点功夫。要使自己的讲话更有震撼力和感染力，声音要洪亮一些，语速要快一些，语气要长一些。这样，听众就会被你的语气所感染，提高他们对你讲话的兴趣。讲话者如果音域宽广、音色响亮、精神饱满、手势幅度较大，就会给人以奋发向上、朝气蓬勃的振奋感觉，并体现出澎湃恢宏、激越高昂、豪壮刚健、英武奔放的讲话风格。

越有文采，听众越受激励

有道是“言之无文，行而不远”。一篇优秀的讲话稿既要讲究“义理”，也要重视“辞章”。

学习李瑞环的讲话稿，我们可以发现，一方面，善于引用中国传统文化和灵活运用毛泽东思想是李瑞环讲话稿中的一大特色，在他的不少讲稿中，古典诗词、诸子百家和《毛泽东选集》中诸如《实践论》《矛盾论》等经典文章，被运用得贴切自然、浑然天成。同时，他又非常善于进行语言提炼，讲话中一些原创性警句、格言，如：“改革过程中总会伴有阵痛，但必须是阵痛之后变成不痛，而不能越来越痛。”“江山是打出来的，成就是干出来的。”“讲政治人民至上，求真理实践第一。”“总结经验主要不应是文字上搬来搬去，而应是脑子里想来想去。”类似这样精粹而智慧的句子点缀在讲话中，既如明珠般光彩夺目，又如晨钟暮鼓，过耳不忘。

第 26 技：以修辞艺术感染人

修辞，是对语言进行修饰、调整和加工的技巧。汉语的修辞手法是非常丰富的。在讲话中，通过运用修辞可以增强讲话的效果，使讲话具备生动性、形象性、鲜明性，易于理解和接受讲话的内容。例如，郭沫若在科技大会上所作的题为《科学的春天》的讲话，结尾是这样的：

日出江花红胜火，春来江水绿如蓝。这是人民的春天，这是科学的春天！让我们张开双臂热烈地拥抱春天吧。

这个结尾简洁明了，短短五十几个字，包容了排比、反复、比喻、拟人、双关等多种修辞手法。充分表达了郭沫若丰富的思想内容和炽热的情感，语言生动形象，具有很强的艺术感染力。

所以，领导者在脱稿讲话时，应该善于运用一些修辞手法来为自己想要表达的内容服务。

运用比喻：生动形象，色彩斑斓

比喻就是打比方，是说话时经常使用的手法，它使语言生动形象，把抽象深奥的内容具体化、通俗化，使听众摸得着、看得见、想象得出。精彩的比喻能够给人留下鲜明深刻的印象。例如，毛泽东在《反对党八股》中的一段话：

党八股的第六条罪状是：不负责任，到处害人。上面所说的那些，一方面是由于幼稚而来，另一方面也是由于责任心不足而来的。拿洗脸作比方，我们每天都要洗脸，许多人并且不止洗一次，洗完之后还要拿镜子照一照，要调查研究一番（大笑），生怕有什么不妥当的地方。你们看，这是何等地有责任心呀！我们写文章、做演说，只要像洗脸这样负责，就差不多了。

这里用生活中的小事比喻说明写文章、做演说时应取认真负责的态度，非常生动幽默。

高深的理论，只因为巧用人的感受做比喻，简单几句话就说明白了。巧妙运用比喻，能增加讲话的形象性、生动性和感染性，让语言更加精彩，更加通俗易懂。

比喻一般由本体、喻体和喻词三部分组成。本体是被比喻的事物；喻体是用来做比较的事物或对象；喻词则是表明比喻关系的词语，如“好像”“恰似”“像……一样”等。

比喻，要用人们熟悉的东西来描述、刻画、解释不熟悉的东西。领导讲话是为了阐述道理，要把那些生硬、枯燥的理论表述得生动具体，使别人印象深刻，这本来是一件困难的事情。但如果能运用贴切的比喻，就能化难为易，几句简单的话就说明了深刻的道理，极具说服力。用好比喻需要注意以下几个问题。

两者相近。比喻的本体和喻体必须是完全不同但又在某方面有极相似之处的两种事物。属性相同的事物，很难激发人们的联想，这样就没有比喻的意义；而没有相似之处的事物，根本不具有可比性，也不能用来比喻。

通俗易懂。在选择喻体的时候，一定要注意浅显，生动具体，并且与听众的生活非常贴近，只有这样才能让人更容易理解和接受。

形神兼备。即拿来对比的两个事物不仅仅需要外表的共同点，还必须有内在特质与神情上的相似点，这样才能揭示事物的精神实质。

自然贴切。比喻可以为语言增加色彩，但并不是说比喻越多越好，不能为了比喻而比喻。不能出于猎奇而矫揉造作、故弄玄虚；比喻还应该有创造性、新颖性，不能老用那些已经为人熟知的比喻；而那些不自然的比喻，不仅不能为讲话添彩，反而会让听众反感。

运用借代：简洁精练，激发情感

为了把某一问题说得清楚形象，借用与这一内容有关的、比较具体的、为人们所熟悉的另一内容代替它，这就是借代。著名语言学家张志公把这种借代辞格叫作“换一个名字”。当然，换一个名字不能随心所欲，必须按一定的规则来换。

例如：每个共产党员都应懂得这个真理：“枪杆子里面出政权。”

我们的原则是党指挥枪，而决不容许枪指挥党。

这里，毛泽东用枪代替军队，非常鲜明具体而又形象地说明了党和军队的关系。再如：

拿中国的情形来说，我们所依靠的不过是小米加步枪，但历史最后将证明，这小米加步枪比蒋介石的飞机加坦克还要强些。

这里，用“小米加步枪”指代“人民武装力量”，用“飞机加坦克”称代“反动武装”，十分形象地说明了当时敌我双方的物质条件，以及暂时处于劣势的进步力量必然能战胜貌似强大的反动势力这一深刻的道理。

借代是用相关的事物来代替所要表达的事物的修辞方式。这种方式不直接说出要说的人或事物。

运用借代需要注意，必须抓住事物的最典型特征，对于所借代的事物一般应在一定的语言环境中有所交代。另外，借代的借体和本体事物不能同时出现。

运用排比：语句隽秀，语势强烈

为了更有效地表达思想感情，加强讲话的气势，常常把结构相同或相似，语气一致、意思密切关联的三个或三个以上的词组、句子联结在一起说出来。这种修辞方式，就叫排比。排比能够增强语势，还能增强语言的节奏感，所以在即兴讲话中经常用到。

运用排比这一修辞方式可以使文句整齐隽秀，增强语言的节奏感和旋律美；能使语势得到加强，情感得到升华，充分表达讲话的思想情感，形成强烈的表达效果。例如毛泽东在《改造我们的学习》中讲：

这种作风，拿了律己，则害了自己；拿了教人，则害了别人；拿了指导革命，则害了革命。总之，这种反科学的反马克思列宁主义的主观主义的方法，是共产党的大敌，是工人阶级的大敌，是人民的大敌，是民族的大敌，是党性不纯的一种表现。

这段话中用了两组排比句，非常精辟地指明了教条主义的危害和实质，节奏鲜明。

领导讲话要引人入胜，必须有气势，让听众感受到语言的压力，感受到力量。运用排比最能提升语言气势，可以让话语整齐明朗，富于节奏感，让听众感受到一种气势如虹的语气力量，给听众以强烈的震撼，使语气气势强劲，情感得到升华，形成强烈的表达效果。

排比这样的修辞手法一般是由三个或三个以上结构相同或相似，内容密切关联、语气一致的词组或语句排列而成，用来表达同一范围、同一性质的事物，以增强语势，增强节奏感和旋律美，加强语言的力度。

排比句的运用，也不是多多益善的，需要注意场合与语境。这里需要注意以下几点。

适当运用排比形式。从实际需要出发，根据可能的条件恰当运用排比句。

灵活选择排比形式。排比的形式应灵活选择，无论是词的排比、句的排比，还是段的排比都是灵活运用的形式。排比中每一部分都应该是平等独立、互不包含的。而在顺序上，最好能够由轻到重排列，层层深入才能够达到气贯如虹的效果。

掌握排比使用的度。掌握排比句使用的度，适可而止，不能盲目使用，有时候用多了反而会影响语言表达的效果。

运用设问：突出重点，启发思考

说话的人明知故问，或者自问自答，或者问而不答，这就是设问。设问能够引起人们的注意，启发思考，突出重点。陈望道说：胸中早有定见，话中故意设问的，名叫设问。设问用得好，可以增强讲话的论辩力、说服力，能引起听众的注意和思考，能加深对讲话内容的理解和记忆。

在脱稿讲话中，设问不但可以避免平铺直叙，还可以促成讲话者和听众之间思想情感的沟通与交流。

为了提醒、加重讲话内容，引起观众注意，增强语言表达效果，有时需要在讲话中进行自问自答。设问能够产生悬念，引起人的注意力，引发听众思考。设问运用得好，会使讲话极具说服力和感染力，产生让人无法辩驳的说理效果。

常用设问，还能帮助讲话者抒发情感，含蓄地表达出某些不便明言的信息。设问的运用，关键在于为讲话内容设计几个醒目、巧妙而有分量的问题，给听众一种好奇感，激发他们等待答案的期待心，然后自己作答，娓娓道来。设问的问话，忌提一些无关紧要、众人皆知或者缺乏震撼力的问题，也不应问得太频繁。

运用对偶：富有气势，感情充沛

把结构相同或相似、字数相等、意义相关联的两个短语或句子成对地排列起来。“春蚕到死丝方尽，蜡炬成灰泪始干”这个句子，结构相同（都是主谓句），字数相等，上下两句词性相对，意义上相互补充，是个非常工整的对偶。构成对偶的两个句子可以是正对，也可以是反对。例如：横眉冷对千夫指，俯首甘为孺子牛。这一句用一个工整的反对，表现了鲁迅先生对待敌人和对待人民的两种截然不同的态度。如今，对对偶的要求就比较宽松了。

运用对照：美者更美，丑者更丑

对照的作用是为了形成鲜明的对比，突出事物的本质特征，使人一听就明白，从而增强说服力。例如：

共产党就是要奋斗，就是要全心全意为人民服务，不要半心半意或者三分之二的心三分之二的意为人民服务。

在这里，为了强调、肯定“全心全意”，就用否定“半心半意或者三分之二的心三分之二的意”来对比说明，以加深印象。

鲁迅将战士和苍蝇对比说：“有缺点的战士终究是战士，完美的苍蝇终究不过是苍蝇。”毛泽东将成功和失败对比说：“失败乃成功之母。”其中都运用了对比修辞。

由此可见，对比修辞手法可以让讲话内容更加冲击十足、曲折丰富，尤其是更加接地气。不接地气的语言，怎么可能打动听众呢？所以，要想真正打动人心，就要借助对比修辞手法，使美的更美，丑的更丑；好的更好，坏的更坏。

说到这里，还有一则关于扁鹊的故事。其大概意思如下：

魏文王问扁鹊：“你们三兄弟谁的医术最高明？”扁鹊说他大哥的医术最高，接下来是他二哥，最末的才是他自己。魏文王感到疑惑，就问扁鹊为什么你最出名呢。扁鹊回答说：“我大哥给人看病，都是在病还没发作之时就帮人治好了，一般的人都不知道他在无形中铲除了病因，因而他的名气无法传出去，只有我们自己家人知道；我的二哥给人看病，是在病很轻微的时候就治好了，因此名气也就周围乡里人知道；而我呢，所治的病都是已经很严重的，因此大家都以为我的医术高明，名气也传遍国家。”

这则故事中，扁鹊通过三个人的巧妙对比，让医术高超的大哥凸显出来，同时说明世人的愚蠢和无知。这就是对比的力量，就像京剧脸谱一样对比鲜明，让人一望便知。

关于美与丑的对比，《道德经》中说：“天下皆知美之为美，斯恶矣。”

这句话的意思是说，当大家都知道什么是美之后，也自然而然地知道什么是丑了。因而，在脱稿讲话中，要想让自己的话给人留下深刻的印象，多运用对比的确是个很好的法子。这往往比你堆砌一大堆的华丽辞藻管用得多，更比你呆板念稿子更有力量。

运用引用：阐明事理，精彩简练

引用。即引用别人的观点来阐明事理。其好处是，凡引用的东西都是经过历史和实践检验的观点，或流传广泛的格言警句，本身就很精彩简练、具有无可辩驳的力量，所以能够产生以一当十、以简驭繁的效果。引用的方法有多种。

一是全引，即引用完整的一段或一句话，一般要加引号。如江泽民同志 1997 年 11 月在哈佛大学的演讲，引用了哈佛校门上的一句话——“为增长智慧走进来，为服务祖国和同胞走出去”，拉近了彼此的距离。

二是引用大意，不需加引号。如胡锦涛同志 2003 年 7 月在抗击“非典”总结表彰大会上的讲话，总结经验教训时就引用了恩格斯的一个观点：一个聪明的民族，从灾难和错误中学到的东西会比平时多得多。

三是引用只言片语，可加可不加引号。如江泽民同志 1998 年 6 月会见出席中科院第九次院士大会、工程院第四次院士大会部分院士和外籍院士，谈到青年人才培养时，有这样一句话：“新陈代谢、不舍昼夜。年轻的总要代替年老的，青出于蓝而胜于蓝。”其中“不舍昼夜”语出《论语》，原文为“子在川上曰：逝者如斯夫，不舍昼夜”。“青出于蓝而胜于蓝”语出《荀子·劝学》，原话为：“青，取之于蓝，而胜于蓝。”

在分析、说明某一问题时，引用著名人物的话或群众中常用的熟语来阐明自己的观点，或引用对方的话加以反驳，都是说话时经常采用的方法。

引用这种修辞手法用途非常广泛，而引用主要是指在语言交际中引用名言、熟语、典故等来证明事物、阐述道理。在讲话时运用引用这种修辞手法，可以增强语言的说服力和感染力，使讲话中语言表达言之有据、生动形象。

“文革”初期，在一次批陈大会上，造反派在人民大会堂当众批判陈毅，让陈毅作深刻检查。按照当时的惯例，凡是开口讲话，就必须高声朗读几条毛主席语录。

于是，陈毅手捧《毛主席语录》高声说：“翻到第 271 页！”会场上立即响起了一片翻书的声音，接着全场突然安静下来，原来语录上只有 270 页。就在这时，陈毅对着语录本高声朗读：“陈毅是个好同志！”全场人迟疑片刻，马上有人提出怀疑。这时，在场的周总理出面证实，毛主席确实讲过这句话。

这样，一场“批陈大会”就被陈毅引用、周总理证实的毛主席的这句话轻松化解了。一个人的语言表达能力无论是多么强，但毕竟是有限的，而引用就能够借助于多种多样的表达能力，最终产生以少胜多、韵味无穷、寓意深刻的表达效果。

引用的方式有多种多样，常见的有暗引、正引、反引和撷引。

暗引。就是指暗示、引用。作为激励、警戒自己的格言，简洁凝练，令人回味。

正引。正引就是用其原意原句，来表达你所想要表达的意思。

反引。就是指反其意而用之。例如毛泽东在《质问国民党》一文中讲道："照你们的说法，'破坏团结'的也是共产党，你们则是如何的'精诚团结'主义者，那么，你们以三个集团军的大兵，手持刺刀，配以重炮，向着边区人民前进，也可以算作'精诚团结'了！"毛泽东在讲话中反引了"破坏团结""精诚团结"，真可谓是"以其人之道，还治其人之身"。

撷引。就是撷取原句中的一部分词语而用之，在讲话中运用撷引的手法，会使你的语言表达言简意赅，并且通俗易懂。领导者在运用引用技巧时，要力求精细，选择适宜，你所引用的内容必须是对所阐述问题有所帮助的，引用的内容要具有权威性、说服力。在运用引用修辞手法的时候，要保持引文的完整性，不要断章取义。还要将引文与所要表达的意思融为一体，成为论说的有机组成部分，不能硬凑生拼。

运用象征：立意高远，含蓄深刻

象征是比喻的延伸和扩大，象征手法是根据事物之间的某种联系，借助于一些特定的具体事物，来寄寓某种精神品质或抽象道理的修辞手法。它可以使讲话显得立意高远，含蓄深刻。恰当地借用象征手法，可以把某些比较抽象的精神品质，化为具体的可以感知的形象，从而给听众留下深刻的印象，赋予讲话内容以深意，从而给听众留下咀嚼回味的余地。

象征是一种艺术手法，它和比喻修辞手法有相似之处。正如比喻要求喻体和被喻事物之间要有某种相似的特点一样，象征也要求象征之物与被象征之物之间有某种相似的特点，从而可以让人引起由此及彼的联想。

象征属于艺术手法，它与构思相关，属讲话构思技巧，而不只是语言加工问题。象征一般都用来表现某种抽象的概念或思想感情，也就是说，它是通过某一具体形象表现出一种更为深远的含义，让听者自己去意会，从而让听众获得美的享受。这是一种隐晦、含蓄而又能使听众产生体会愉悦的美感的语言技巧。

运用反问：语气凝重，感情强烈

为了强调自己观点或结论的正确性，有时用疑问的形式表示确定的意思，以加重语气的一种修辞方式，叫作反问。反问同设问不同，是为激发本意而问，不需演讲者回答，让听众从问话里自然领悟出答案。其实，反问的答案就是问句的反面，因而也称激问。

反问的作用主要是加重语气。反问在形式上虽然是疑问句式，然而意思却十分明确而坚定，比一般陈述句式语气凝重得多，感情强烈得多。

反问是表达激烈情绪的一种方式，并不需要听众来回答。一般在热情奔放、情绪激昂的场合使用。

要注意设问和反问的区别。设问一般多用于开头，反问多用在其后；设问没有暗示结论，而是在下文回答，反问则暗示结论，意思十分明确；设问语气较弱，反问语气强烈。

反问使用范围很广，一般不受限制，但也不可滥用，要问得恰到好处。

运用夸张：言过其实，突出个性

夸张，指的是针对事物的某些特征，运用丰富的想象，有目的地做出超越事实的描述，从而增强表达效果的一种修辞手法。比如，李白的“飞流直下三千尺，疑是银河落九天”就运用了夸张修辞，突出强调了瀑布的气势，表达了作者对瀑布的赞叹之情。

在脱稿讲话中，如果你擅长运用夸张修辞手法，则可以让你的讲话具备瀑布一样滔滔不绝的气势。而且有时候，在讲话中运用夸张也可以营造出一种幽默的效果。

与其他幽默方式相比，夸张式幽默可谓别具一格，但在运用夸张时必须要抓住事物的特征，然后用不同的方式加以形象化地表现，这样才能产生幽默效果。

在夸张修辞的运用中，有时需要把事物的性质、状态、特征等，故意往“大、多、高、强、深、快”等方面说，这种夸张称之为“扩大夸张”。

在夸张修辞中，与扩大夸张相对应的是缩小夸张。所谓缩小夸张，即故意把事物往小处说，使之更“小、少、低、弱、浅、慢”等，有时甚至会数倍缩小。

在使用夸张修辞手法时，还需要注意以下四点：

一是夸张要符合真实。夸张可以夸大其词，但不可离谱。离谱就是失去依据和基础。对于夸张修辞来说，不管如何渲染，内核和本质却必须真实。比如，“静的掉根针都能听见”，“他饿得都可以把一头大象给吃了”，“三十年过去了，弹指一挥间”等等，以上这些夸张修辞中虽然看似夸大，但在人们的心理感受上是绝对真实的，如此说并未让人觉得有任何不妥之处。

二是夸张要突出差距。在运用夸张修辞时，一定要对比鲜明，不可相差无几。例如：“她还没有端酒杯，就醉了”，这句话显然运用了夸张手法，大家一看都能明白，并能真切地感受到美酒佳肴的氛围。夸张修辞一定要强化差别，这样才能营造夸张效果。

三是夸张要注意场合。在脱稿讲话中，夸张修辞并不是用在哪里都适合的，还要注意场合。尤其在科技演说、新闻报道、经验汇报等场合，要少用或者完全不用夸张修辞，以免歪曲事实、生出事端。

四是夸张要有限度。夸张修辞可以放大事物的某些特点，让你的脱稿讲话更加引人注目。但是，我们要知道过犹不及，要掌握夸张的度。千万不能口无遮拦，一味往大里说，否则会让听众觉得你故弄玄虚、缺乏诚意，从而使自己的话语失去应有的真实度和信服力。

运用双关：一石二鸟，一语二意

我们常说，沟通时要学会听弦外之音，事实上我们有时候也要学会说弦外之音。在修辞手法中，跟弦外之音最接近的就是双关语。所谓一语双关，是指在一定的语言环境中，利用同义、谐音关系，使言辞有意识地具有双重意义。

在脱稿讲话中，双关语可以使你的表达更含蓄委婉、风趣诙谐，而且有时还能起到劝解、讽刺等语言效果，从而使听众通过风趣的语言来明白意味深长的道理。那么，在具体的语言运用中，双关具有哪些表现形式呢？具体来说包括谐音双关、语义双关、对象双关三种。

谐音双关。即利用词语之间的同音、近音关系，在原有词义的基础上再增加相关意义的一种方法，它是把原有词义和相关的新词义巧妙地糅合在一起，以产生出新的表达效果。例如："东边日出西边雨，道是无晴却有晴。"此句中的"晴"跟"情"谐音，表面上好似是在说天气，暗中却是在表达感情，可谓一语相关。

在语言的表达上，谐音双关也是歇后语构成的一种常用方法，本来毫不相干的两种事物，由于读音相同或相近，便构成了幽默、生动的歇后语。比如，和尚打伞——无法（发）无天、孔夫子搬家——尽是输（书），石头人开口——说实（石）话，拉着胡子上船——谦虚过度（牵须过渡），等等。

语义双关。语义双关是利用词语或句子的多义性构成的双关。从本质上来说，讲话者通过借用语言漏洞偷换概念。而且概念被偷换得越离奇、越隐蔽，表达的效果反而越好。

在脱稿讲话中，讲话者要想运用语义双关，首先要先找到一个能够容纳不同意思的概念或词语，而且要让自己所表达的意思能够在这一词汇中同时显现出来。此外，想要更好地表现出语义双关的效果，就要故意使两种意思不相协调，甚至是越相互冲突，其表达效果反而越好。

对象双关。对象双关是双关类型中较为特殊的一种。具体来说，是依靠特定的语境，让一句话关联到两个对象。在语言表达上，对象双关的奇妙之处在于：明里在说东，实则说西；明里指桑，实则骂槐，即通常所说的"指桑骂槐"。

著名诗人海涅是犹太人，正是因为这个原因，他常常遭到无故攻击。一天，一个旅行家对他说："我刚发现了一个小岛，岛上竟然没有犹太人和驴子！”海涅镇静地说：“看来，只有你和我一起到那个岛上去，才能使犹太人和驴子都不缺！”

在这段对话中，旅行家拿犹太人与驴子相提并论，其目的是在讽刺、嘲笑海涅是犹太人，而海涅却机智巧妙地将对方比作驴子，从而维护了自己的尊严，让对方有苦难言。不过要注意的是，对象双关在运用中容易产生敌对情绪，不到万不得已，不要轻易使用。

总之，双关语是一种灵活机智的说话技巧。在脱稿讲话中，如果你掌握了双关修辞技巧，不但能使自己的语言幽默风趣，而且能够巧妙地应对各种尴尬之境。

第 27 技：以幽默诙谐启发人

幽默是智慧的表现。幽默是接近感情的热线，它像春风一样，表达着你的真诚和温情。幽默宛如一座桥梁，架设起沟通的彩虹。

幽默力量，折射智慧光芒

美国著名演讲家渥尔夫说："幽默力量的一个重要目的，是让听众喜欢演讲人及其演讲。要是他喜欢演讲人，必定会喜欢他所讲的内容！"幽默是领导干部与听众建立良好关系，并吸引听众的最有效手段之一。

一是幽默能起到心理防卫的作用。脱稿讲话时，因为意外的情况，使讲话者处境困难或陷于尴尬，可以使用幽默来化险为夷，渡过难关；或者通过幽默间接地表达潜意识意图，在无伤大雅的情况下，表达意念，处理问题。我们将这种心理防卫术称为幽默作用。有一天，苏格拉底正在演讲，他的妻子忽然提着木桶闯进会场，大骂苏格拉底。苏格拉底接过木桶说："我早就知道，打雷之后，一定会下雨的。"本来很难为情的场面，经苏格拉底这么一幽默，就把大事化小了。由此可见，幽默是一种高尚成熟的心理防卫机制。人格发展较成熟的人，常懂得在适当的场合，使用合适的幽默，可以将一些较为困难的处境转变一下，大事化小，小事化了，渡过难关，免除尴尬。

二是幽默的语言可以化解僵局。脱稿讲话时，在遇到僵持窘迫的局面时，可以利用幽默这一“和平使者”来破关夺隘。钢琴家波奇一次在美国密歇根州的福林特城演奏，结果发现到场的观众不到五成。这让他既失望，又尴尬。但他并未因此而取消演奏，反倒以幽默的语言打破了僵局。他微笑着走向舞台，对前来的观众说：“我想福林特这个城市的人一定很有钱，因为我看到你们每个人都买了两三张票。”话音一落，大厅里充满了笑声。这位钢琴家的成功之处就在于他对空座位原因的解释虽然荒诞，但很奇妙，因此让幽默产生的喜悦压倒了因观众少而产生的沮丧。

三是幽默的语言可以获得听众的好感。获得听众的好感是讲话成功的关键之一，而幽默是获得听众好感的有效办法。一般情况下，人们都愿意与幽默的人交往。在严肃的讲话过程中加上幽默生动的语言，往往会使气氛活跃轻松起来，使人的情绪在笑声中得到松弛。美国前总统小布什在登上总统宝座之前，总被媒体讥讽为缺乏幽默细胞。但是他上任之后，他的幽默细胞一再释放，令大家为之惊叹。他经常发表演讲，他的演讲随意而幽默，深受听众喜爱。如他演讲时，经常拿美国前副总统切尼来开玩笑。有一次，他在演讲中称自己并不是媒体所说的那样笨。他说：“我刚刚完成了人类图谱。我的目标是克隆另一个切尼，那么我便不用做任何事了。”之后，他把头转向切尼：“切尼先生，下面我该怎么说？”一时间，场下哄堂大笑。还有一次，他应邀回到母校耶鲁大学为毕业生发表演讲，他在演讲中这样说道：“今天是诸位学友毕业的日子，在这里我首先要恭喜家长们：恭喜你们的子女修完学业顺利毕业，这是你们辛勤栽培后享受收获的日子，也是你们钱包解放的大好日子！最重要的是，我要恭喜耶鲁毕业生们：对于那些表现杰出的同学，我要说，你真棒！对于那些丙等生，我要说，你们将来也可以当美国总统！耶鲁学位价值不菲。我时常这么提醒切尼，他在早年也短暂就读于此。所以，我想提醒正就读于耶鲁的莘莘学子，如果你们从耶鲁顺利毕业，你们也许可以当上总统；如果你们中途辍学，那么你们只能当副总统了。”他的演讲赢得了听众的阵阵掌声和欢呼。

四是幽默的语言可应对各种艰难场面。不管是在何种情景下，只要讲话者运用一些幽默生动的语言，往往会收到出奇制胜的效果，令对手大为叹服。例如，美国前总统里根第一次对加拿大访问期间，遇到了反美示威游行。示威人群不时地打断这位总统的讲话。这时里根面带笑容地对陪同他的加拿大总理皮埃尔·特鲁多说：“这种事在美国时有发生。我想这些人一定是特意从美国来到贵国的，他们想使我有一种宾至如归的感觉。”紧皱双眉的特鲁多顿时眉开眼笑。里根以自嘲的幽默之语，免于主客陷入尴尬，为主人消除了烦恼，恢复了和谐的气氛。

五是幽默的语言显出讲话者的自信。幽默的语言表达，常常是讲话者自信心的表示。从心理学上讲，只有内心充满自信，才能在言行上表现出轻松的姿态。幽默的语言风格恰恰就是这种内心自信、外表轻松的情绪表露。1971 年，基辛格为了恢复中美外交关系秘密访华。在一次正式谈判开始之前，基辛格突然向周恩来总理提出一个要求："尊敬的总理阁下，贵国马王堆一号汉墓的发掘成果震惊世界，那具女尸的确是世界上少有的珍宝啊！本人受我国科学界知名人士的委托，想用一种地球上没有的物质来换取一些女尸周围的木炭，不知贵国愿意否？"周恩来总理听后，随口问道："国务卿阁下，不知贵国政府将用什么来交换？"基辛格说："月土，就是我国宇宙飞船从月球上带回的泥土，这应算是地球上没有的东西吧？"周总理哈哈一笑："我以为是什么呢，原来是我们祖宗脚下的东西。"基辛格一惊，疑惑地问道："怎么？你们早有人上了月球，什么时候？为什么不公布？"周恩来总理笑了笑，用手指着茶几上的一尊嫦娥奔月的牙雕，认真地对基辛格说："我们怎么没公布？早在 5000 多年前，我们就有一位嫦娥飞上了月亮，在月亮上建起广寒宫住下了！怎么，这些我国妇孺皆知的事情，你这个中国通还不知道？"周恩来总理机智而又充满自信的回答，把博学多识的基辛格逗笑了。

六是幽默语言是批评和反击的"武器"。幽默是一种机智，是一种愉快的心术。当对方攻击你时，你无须动怒，也不要争吵，最好的办法是冷静地用幽默的手段回击他，给对方吃一块有毒的"甜奶酪"。周恩来同志在几十年的外交生涯中，一直以德高望重、幽默风趣著称。不管在何种场合，遇到什么样的对手，他都能唇枪舌剑，以超人的智慧，应对自如，对手甭想占到便宜。有一次，他应邀访问苏联，在同赫鲁晓夫会晤时，批评他全面推行修正主义政策。狡猾的赫鲁晓夫却不正面回答，而是就当时敏感的出身问题对周恩来进行刺激，他说："你批评得很好，但是你应该同意，出身于工人阶级的是我，而你却是出身于资产阶级。"言外之意是指周恩来站在资产阶级立场说话。周恩来只是停了一会儿，然后平静地回答："是的，赫鲁晓夫同志，但至少我们两个人有一个共同点，那就是我们都背叛了我们各自的阶级。"他出其不意地将赫鲁晓夫射出的毒箭掉转方向，反戈一击。据说此言一出，立即在各共产党国家传为美谈。

七是幽默语言能使听众倍感亲近。在现场讲话中，运用幽默生动的语言，可以使听众觉得热情亲近、气氛宜人。这在实际中，对于领导干部开展工作、说服对方是十分有益的。在谈判场合，又常常可以缩短双方的距离，制造和谐的气氛。2005 年 4 月 29 日，中国国民党主席连战在北大演讲时说："台湾的媒体说我今天回母校——母亲的学校。这是一次非常正确的报道。"现场爆发出持久热烈的掌声。

话语幽默，缩短听众距离

讲话时，如果以幽默诙谐的语言或故事讲话，就能使听众轻松愉快地进入角色，接受讲话的内容，倍感亲切，无形中就缩短了与听众的距离。

幽默、风趣的语言能够增强领导者讲话的表现力，既能深化主题，又能使讲演的气氛轻松和谐；既可调整讲演的节奏，又可使听众消除疲劳。

那么，幽默话语作为语言艺术，形成的基础和条件有哪些呢？

一是要有较高的观察力和想象力。幽默的谈吐具有反应迅速的特点，这就要求说话者思维敏捷、能言善辩，而这又来自于对生活的深刻体验和对事物的认真观察，具有较高的观察力、想象力，能通过仿拟、移时、降用、比喻、夸张等方式说出幽默的话语。

二是要有高尚的情趣和乐观的信念。恩格斯曾经说：“幽默是表明工人对自己事业具有信心并且表明自己占着优势的标志。”幽默的谈吐是建立在说话者有较高的思想境界和较高的涵养上。一个心胸狭窄、思想颓废的人是不会幽默的。幽默永远属于那些热心肠的人，属于那些强者。幽默者品德要高尚，对人充满热情。

三是要有较高的文化素养和语言表达能力。幽默的谈吐是人的聪明才智的标志，它要求有较高的文化素养和较强的驾驭语言的能力。一个人语言修养高、文化知识丰富，对古今中外、天南海北、历史典故、风土人情等各种各样的事情都有所了解和掌握，再加语汇丰富、语言表达方式灵活、多样，这样他平时讲起话来就会得心应手，自然就容易活泼、生动、有趣。

最后，要强调指出的是，幽默只是手段，并不是目的。不能为幽默而幽默。一定要根据具体的题旨语境，适当选用幽默话语。如果胡乱幽默，就破坏了讲话的语境，效果就会适得其反。

幽默风趣，让人精神愉悦

幽默是以一种愉悦的方式让别人获得精神上的快感。幽默的力量，不仅仅在于博人一笑而已，它能润滑人际关系，去除忧虑愁闷，提高个人涵养，针砭某种社会弊端。心理学家凯瑟琳说过："如果您能使一个人对你有好感，那么也就可能使你周围的每一个人甚至是全世界的人，都对你有好感。只要你不只是到处与人握手，而更是以你的友善、机智、幽默去传播你的信息，那么时空距离就会消失。"

一是说笑话或用诙谐的语言。说笑话或用诙谐的语言可以使听众产生联想，从而造成幽默的情趣。脱稿讲话时，采用这种语言，可以增强效果。

美国前总统里根在演讲时，就善于运用风趣幽默的言语来赢得对手的称赞和支持。竞选总统时，里根在与蒙代尔的一次电视辩论中，曾就年龄问题进行辩论，里根深知自己 70 岁高龄在竞选中是一大障碍，当一记者既尖刻又彬彬有礼地询问里根总统是否过于年迈、不宜当总统时，里根满怀信心且微笑了一下，回答说，我希望你能知道在这场竞选中我不愿把年龄当作一项资本，我不打算为了政治目的而利用我对手的年轻和缺乏经验。这一令人生畏的简短妙语，使年轻的竞选对手意识到自己为竞选所做的四年努力在电视屏幕上已付之东流了，他无可奈何地笑了一下，仿佛他的年轻又成了竞选总统的一大障碍。里根靠这次幽默机警的对话赢得了选民的支持，为他的竞选扫清了障碍。

二是用漫画式的描写。这种方法就是领导者用语言来画漫画。例如周恩来在《反对官僚主义》这篇演讲稿中，给各种官僚主义者画像：

“第一种，高高在上，孤陋寡闻，不了解下情，不调查研究，不抓具体政策，不做政治思想工作，脱离群众，脱离实际，一旦发号施令，必将误国误民。这是脱离领导、脱离群众的官僚主义。”

“第二种，狂妄自大，骄傲自满；主观片面，粗枝大叶；不抓业务，空谈政治；不听人言，蛮横专断；不顾实际，胡乱指挥。这是强迫命令式的官僚主义。”

“第三种，从早到晚，忙忙碌碌，一年到头，辛辛苦苦；对事情没有调查，对人员没有考察；发言无准备，工作无计划；既不研究政策，又不依靠群众，盲目单干，不辨方向。这是无头脑的、迷失方向的、事务主义的官僚主义。”

三是抓住在讲话中运用幽默的时机。幽默给人以从容不迫的气度。讲话者不必为自己的言语贫乏而懊恼，掌握以下几种幽默方法，你也可以成为幽默专家。

在叙述中运用幽默。当你叙述某件趣事的时候，要以独具特色的语气和带有戏剧性的情节显示幽默的力量，在最关键的三句话说出之前应当给听众造成一种悬念增加神秘感，吸引听众的注意力。

配合态势语言运用幽默。当你说笑话时，每一次停顿，每一种特殊的语调，每一个相应的表情、手势和身体姿态，都应当有助于幽默力量的发挥，使它们成为幽默的标点。重要的词语应加以强调，利用重音和停顿等以声传意的技巧来促进听众的思考，加深听众的印象。

根据不同的听众对象运用幽默。不管你肚子里堆满了多少可乐的笑话和俏皮语言，你都不能为了体现你的幽默之处，而不加选择地一个劲儿地往外倒。语言的滑稽风趣，一定要根据具体对象、具体情况和具体语境来加以运用，而不能使说出的话不合时宜。否则，不但收不到预期的效果，反而会招来麻烦，甚至伤害对方的感情，引起事端。因此，如果你现在有一个笑话，不管它有多么风趣，但是，如果它有可能触及对方的某些隐痛或缺陷，那么，你还是把它咽到肚子里去为好。

有条件、有节制地运用幽默。有些人在做说服别人的工作时，运用幽默过多，常常是笑话接笑话，连篇累牍，就像连珠炮一样。这样一来，谈话内容往往会脱离主题，难以达到说服别人的目的。对方听起来，也会感到云山雾罩，不知道你究竟要说什么，甚至认为你在向他展示幽默才能呢！

幽默的效果是让听众发笑。最不受欢迎的幽默，就是在讲笑话之前和之中，或是刚讲时，自己先大笑起来。自己先笑，只能把幽默给吞没了。最好的做法是让听众笑，自己不笑或微笑。这就是说，采取“一本正经”的表情和“引入圈套”的手法，才是发挥幽默力量的正确途径。

在讲话结束时运用幽默。在每次讲话结束的时候，最好能激发全体听众发自内心地微笑。不妨试一试，用风趣的口吻讲个小故事或说一两句俏皮话、双关语或是幽默的祝愿词，这些都是很妙的结尾。总之，你要设法在听众的笑声中说“再见”，让你的听众面带笑容和满意之情离开会场。

四是注意幽默运用的条件和对象。讲话时，能让人开怀大笑的是幽默，社会交往中，能化腐朽为神奇的是幽默。幽默的话语、幽默的技巧会让你的人生灿烂无比。成为幽默高手，应该注意以下两个方面：

首先要把握幽默的尺度。幽默是一柄双刃剑，在我们言辞不当时，会损伤别人的自尊与情感。我们应该了解如何避开幽默的禁区。

幽默既不等同于一般的嘲笑、讥讽，也不是为笑而笑、轻佻造作地贫嘴耍滑。幽默毕竟是修养的体现，它与中伤截然不同。适当的幽默是真情实感的自然流露，是严肃和趣味间的平衡，它以一种古怪的方式被激发出来，却经常表现出心灵的慷慨仁慈。

正因为如此，讥讽他人受到许多幽默理论家的一致反对。林语堂认为幽默与讽刺极近，却不能以讽刺为目的。讽刺趋于酸辣，去其酸辣，而达到冲淡心境，便成幽默。

其次要顾及幽默的对象。幽默是人们相互作用中的产物，是人们灵魂碰撞出的智慧火花。幽默的产生不仅有赖于人际关系的那些矛盾、乖戾、不协调，而且幽默的表达也断然离不开接受者。正因为如此，幽默的群体性和同娱特征是十分明显的。如果忽略了这一点，一味地强调自我的兴致和偏爱，丝毫不放弃个人思路，那么，你的幽默将黯淡无光。

笑的缘由数不胜数，多半来自游戏和趣味心。游戏态度使严肃受到冷落，而使轻松欢快畅行无阻。车尔尼雪夫斯基认为，幽默感是自尊、自嘲与自鄙之间的混合物。其实，它也是活泼、弹性心智的重要标志。用契诃夫的话说：“不懂得开玩笑的人是没有希望的人！这样的人即使额高七寸——聪明绝顶，也算不上真正有智慧。”

第 28 技：以随机应变征服人

领导在脱稿讲话过程中有时会出现一些突然发生的意外情况。这种情况有因时空环境造成的，也有因讲话者自身失误造成的。遇到出乎意料的情况，讲话者应该随机应变，灵活自如地处置。

突发情况，学会从容面对

讲话现场一般会出现两类突发情况，一类是演讲者自身出现问题，另一类是听众出现问题。那么，演讲者该如何面对和处理这些突发情况呢？

从讲话者自身来说，一般会出现以下三种情况。

一是失误。例如讲错话、张冠李戴、讲错了数字等。这时，演讲者可以用重复纠正的方法来弥补，也就是说，当发现自己出现错误后，演讲者可以选择在合适的时机，适当地加重语气来提醒听众，提醒后，最好重复一遍讲话内容，以便让听众更清楚地记得。

二是忘词。遇到这种情况不要惊慌，演讲者可以用以下两种方法来衔接。

插话。忘记想说的内容时，巧妙地插入一两句与演讲内容无关的话语，并注意语气节奏，适当地给自己留下思考的空间。例如“不知道我前面讲的是否清楚？”“不知道大家是否同意我的观点”等，可趁此机会回忆要讲的内容。

重复衔接。忘词时，演讲者可以把最后讲的那句话加重语气重复一遍。

三是其他意外情况。例如上台时不小心摔倒，讲话时麦克风突然出现故障等。面对这些情况，演讲者需要学会借题发挥，变被动为主动。例如不小心被话筒绊倒，台下听众哈哈大笑时，演讲者可以站起来对台下的观众说：“同志们简直太热情了，刚才我就是被你们的热情倾倒了，谢谢大家了。”

而从听众角度来说，一般会出现不合作的现象。听众不合作的现象有很多，例如吵闹、喧哗、起哄、叫喊等。演讲者要掌握控场技巧和批评语言的艺术，例如可以用给听众“戴高帽子”的形式取代直接的批评。

无论是何种突发情况，演讲者只有学会随机应变、借题发挥，才能完美化解以上种种尴尬局面，不影响演讲的顺利进行。

讲话短路，用关键词提醒

在演讲过程中，演讲者偶尔会出现突然的“断电”和“卡壳”。造成“断电”和“卡壳”的原因比较复杂，例如，演讲者自身的知识储备、心理素质和表达能力有限等。

在众多的技巧中，关键词提醒法是每位演讲高手最为推崇的方法之一。所谓关键词提醒法，就是将整个演讲内容提炼为几个关键词，演讲时再由这几个词衍生出内容，从而保证演讲能够准确和流畅。

我们通过一个范例来感受一下关键词提示法在脱稿讲话中的应用，在某公司举办的员工颁奖礼上，其中一位获奖人的发言只用三个词就可以简单概括。

尊敬的各位领导、各位来宾、同事们：

大家好！

作为一名刚刚工作不久的新员工，在年终会议上获得“优秀员工”称号，对我来说是非常幸运的事情！我很高兴，我也非常激动。此时此刻，我想用三个词来表达我的心情：

第一个词是感谢。首先我很高兴与大家在此相聚一堂，每年开这样的年终大会，这就让我们所有人的心靠得更拢。今天能够代表优秀员工上台发言，我感到十分荣幸，又感到自己的压力。感到荣幸的是我今年的工作得到了公司领导及同事们的认可，我这荣誉也是离不开公司领导及同事的关心及支持的，在此我深表感谢！感到有压力的是我更应该严格要求自己，把将来的工作做得更好，我想这也是对我工作的一种鞭策，这也像人们常说的“没有压力，就没有动力”一样，我在新的一年里会把工作做得更好。

第二个词是自豪。我是在2004年底进入公司的，在这7年多工作中，我亲自感受到了公司规模在不断扩大、不断发展，在管理上不断地完善，并成立了自己的专业消防安装公司，在工程任务上接连不断，就像芝麻开花节节高，这也是大家有目共睹的，身为公司其中的一员，我感到无比骄傲与自豪，也正是这份自豪，让我们时时充满信心，我工作中的格言是：勤勤恳恳地工作，踏踏实实地做人。

第三个词是行动。虽然被评为优秀员工，但我深知，我也有不足之处，也有很多东西还需要我学习。我会在以后的工作当中，加快脚步，紧跟公司领导的指导思想，扬长避短，尽心尽职，努力工作，并不断学习提升自己的工作技能，用实际行动为公司的发展尽自己的微薄之力。

我相信在总裁以及所有的同事同心协力下，我们的公司明天会更好！相信明年这个时候就是我们公司又一次丰收的时刻！

最后，再次谢谢我的领导和今天现场的所有同事！

这则范例的基本思路是：感谢—自豪—行动。这样的思路简单、清晰、明了，最重要的是好记。我们也可以把这样的思路理解成关键词，只要记住了合适的关键词，在颁奖仪式上用自己的语言组织出来，就不愁自己没话可说了。

其实，不管你事先有没有准备，都可以采用关键词提示法完成整个讲话。把这样的思路当成是一种规律性的东西，用这些关键词去提醒自己，我们就能应对颁奖仪式上出现的各种突发情况。

就地取材，当时当地挖掘

就地取材就是要挖掘当时当地的切题素材为演讲所用，这样的就地取材和即席发挥，往往能创造出人意料的效果。

可以就讲话情境取材。演讲总是在一定的情境中进行的。尽管情境具有相对静止性，但如果演讲者能够巧借情境即席发挥，化静为动，让情境为你所用，就能使演讲应情应景、溢彩生辉。

可以就他人的讲话取材。如果现场演讲、发言的不止一个人，这时，演讲者可以从他人的讲话内容取材，既能体现出对对方的尊重，又能使自己的即席讲话显得自然、鲜活。

可以就演讲者自身取材。如果演讲者能够巧妙地以自己的姓名、相貌、爱好等方面为话题即兴发挥，可以使演讲别具一格，受到听众欢迎。

即兴演讲是演讲者学识和胆略的“亮相”，是对其心理素质、应变能力、讲话水平、文化修养等综合能力的考验。如果能灵活运用“就地取材”技巧，就能使演讲内容形象生动、妙趣横生，从而为树立良好的形象打下牢固的基础。

应急救场，掌握几种技巧

即兴演讲时，即使有时间作准备，也总会有一些无法掌控的状况突发，那么面对或善意或恶意的尴尬局面，演讲者应该如何解决才能不影响整场演讲的质量呢？以下提供三种应对尴尬场面的技巧。

顺势牵连。顺势牵连的应急艺术的确能够有效地帮助演讲者走出困境，但必须注意“牵”得要自然，“连”得要巧妙，不能牵强附会，否则会弄巧成拙。在某学校的一次期中总结会上，一位数学老师准备上台发言。他刚走上讲台，同学们忽然大笑起来，这让他感到莫名其妙。坐在前排的一位女生小声对他说：“老师，您的扣子扣错了。”他一看，果真第四颗扣子扣在了第五个扣眼里。局面有些尴尬，他立刻煞有介事地对学生们说：“老师想心事了，急急忙忙赶着来与你们相会。不过，这也没什么好笑的。在这次期中考试里，就有同学将数学公式‘张冠李戴’，例如……”这位老师先用幽默的语言为自己解了围，紧接着顺势把这意外事件和学生的学习情况联系起来，借此作比，指出了学生学习中类似的错误，既自然，又形象，很快消除了尴尬的局面。

借题发挥。“借题发挥”运用得好，不仅能将被动变为主动，还能化消极因素为积极因素。20 世纪 30 年代，美国政要凯升首次在众议院发表演说时，打扮得土里土气。一位议员在他演讲时插嘴说：“这位伊利诺伊州来的人，口袋里一定装满了麦子呢！”面对这样的讽刺挖苦和台下的哄堂大笑，凯升并没有面红耳赤，也没有针锋相对地回敬，而是顺着对方的话题，很坦率说：“我不仅口袋里装满了麦子，而且头发上还藏着许多菜籽呢。我们这些住在西部的人，大多数都是土头土脑的。”他的坦率和真诚赢得了听众的好感。于是，他话锋一转，乘势进行借题发挥说：“不过我们有的虽是麦子和菜籽，却能长出很好的苗子来！”凯升的语言虽然含蓄，但针对性却很强。他明确地阐明了自己的观点，演讲获得了很大的成功。

有意岔题。岔题是应付突发事件的有效方法。但要使岔题成功，演讲者必须注意两个问题：一是要自然，即岔开的话题要与原来的话题连得上、说得通，也就是说，岔开的话题与原来的话题要有某种联系，比如两个词语的读音相同或相近、意义相关，或者两个话题概念相近，或者两处景物同处一种语境等；二是岔题要及时，即岔题要抓紧时机、找准岔口，尽量在对方话题尚未充分展开之前就以新的话题取而代之，使对方在不知不觉之中离开原来的话题，将注意力逐渐转移到新的话题上去。

第 29 技：以营造气氛带动人

脱稿讲话时，想要让听众一直集中注意力是件富有挑战性的事情。领导要善于运用调动听众情绪的手法，形成讲者与听众间的互动和共振，借此营造出一种演讲所需要的现场气氛。

同时，“营造气氛”，必须从讲话的主题出发，结合现场的具体情景，针对听众此时此刻的心态和情绪，灵活地调动种种语言手段。只有这样，才能与听众形成某种情绪上的互动和共鸣，才有可能营造出合适的现场气氛。

渲染气氛，营造夺人气势

为了阐述自己对某种事物、事件的深刻见解，可以根据讲话主题的需要，从各个角度、各个侧面对该事物或事件进行铺陈渲染，以造成一种“先声夺人”的气势，把听众的思绪引入特定的会场氛围。在此基础上，再阐述自己的思想观点，对听众进行宣传鼓动，就会水到渠成，事半功倍。

罗斯福在第四次就任总统的“就职演说”中，沉稳地说：今天我站在这里，在我的同胞面前，在上帝面前，庄严地宣誓就职。我知道，美国的目标就是：永不言败！

这样的宣告，这样的誓言，同当时庄严的场合相吻合，反过来又影响到现场气氛，自然便营造出一种肃穆的氛围来，给听众强烈的心灵震撼，也激发他们内心深处的一种崇高的情怀。

类似这样的宣誓性演讲，一是要注意当时的环境和场合，只有内容与场合吻合了，才有可能制造出庄严的气氛；二是要注意句式的选择，多用“我在……面前宣誓”“面对……我宣誓”之类的宣誓性句式，以提示听众，这样才能激发他们内心潜在的崇高情怀，达到烘托气氛的目的。

赞美听众，激发心灵共鸣

领导者即兴讲话时，如果忽略了听众，自然会出现冷场。此时，领导者应当注意采用恰当的方式，拉近与听众的心理距离。贴近听众的一个有效方法就是发自内心地赞美听众，用中情中理的话语拨动听众的心弦，激起他们的共鸣，使他们重新对讲话产生浓厚的兴趣。

吸引参与，进行互动回应

有时讲话时，造成冷场的原因之一，就是领导者单向地陈述问题，而听众被动地接受信息。要改变这种尴尬局面，可以从此处入手。比如，我们可以向听众提出富有针对性和启发性的问题，可以调动听众参与演讲活动的热情，使他们意识到，自己也是整个演讲的一个重要组成部分，这样就会有效地避免冷场和打破冷场。

一位领导正在面向群众进行普法意义的演讲，由于话题具有一定的专业性，听众的注意力出现了分散，进而不少人开始交头接耳。这时，这位领导者及时提出了这样一个话题："请开小差的同志们想一想，如果我们自己的权益受到了侵害，我们又将怎样来寻求法律的帮助呢？"这样一来，交头接耳的听众也就能重新将注意力转移过来了。

有一篇《我愿做一支燃烧的蜡烛》的演讲中，就有一段撩拨情感的话："有位郭老师在上课时经常跑厕所，直到医院通知学校，大家才得知他患膀胱癌已到晚期。临死时他说：'我不能请假啊！大家都忙，我落下的课，什么时候补啊！'"

听了这段话，听众心灵受到极大震撼，心悦诚服地听演讲人说下去，并把情绪体验投射到下面的议论里：

"没有一句豪言壮语。郭老师不是党员，也不是劳模，死后没有也不可能追授任何称号，然而他却尽到了一个教师的责任，为了自己的追求，他做出了最大的奉献。”

听众的情感世界包含着亲情、爱情、故乡之情、对丑恶的愤怒之情……人们都有喜怒哀乐的情感经历，甚至备尝大喜大悲、生离死别的情味。在某种社会背景下或在某些事件上，大众会有情感上的共同性。只要触动听众的情感，就能引起共鸣，增强气氛，并使听众在投入感情之后，其理智也随之积极参与。

第 30 技：以即兴发挥打动人

即兴发言，有的也叫即兴演说，这也是脱稿讲话的一种形式。

所谓的“即兴演说”是相对于命题演讲而言的，是指演讲者在某种特定的景物或某种特定的人物、气氛的激发下，兴之所至，在事先没有准备的情况下有感而发的临时性演讲。这种演讲话题集中，针对性强。一般是对近期或眼前情况有感而发的，因此话题内容选取角度较小，说明议论要求准、求精、求新。

1984 年，缅甸总统吴山友访问上海，上海市市长在祝酒词中说：我住江之头，君住江之尾，彼此情无限，共饮一江水。大家都知道中缅交界只有一江之隔，两岸人民共饮一江水。话语亲切，表达了中缅两国人民之间的情谊，外宾当然十分高兴。有一次，一位中央领导访问朝鲜，在告别宴会上祝酒时，曾引用李白《赠汪伦》诗中“桃花潭水深千尺，不及汪伦送我情”的诗句来热情赞誉主人的深情厚谊，赢得了朝鲜人民的认同。

即兴发言是领导者常遇到的事情。领导者在参加各种讨论会、茶话会、欢迎会以及欢送会时，经常要即兴演说。它要求边想边说、边说边想，所以很能体现人的思维应变能力和口语表达水平。

因地制宜，把握场合说话

第一，根据场合发言时，选好要用的话题。在一场即兴发言中，如果有一定的时间，不管是长是短，都要根据现场准备好话题。

第二，根据现场情况，随时调整话题。你需要随时注意现场的变化，别人说了什么，现场观众是什么反应，情绪如何，根据这些及时变更自己的话题。有些话题，可能别人讲过了不能用了，有些则需要进一步展开，有些则需要调换顺序。只有这样，你的话题才能跟得上场合变化，才会是新鲜出炉的，带着浓郁的吸引力，真正打动在场者。

第三，根据具体场合，活学活用包袱。一个人大脑中会积累很多的“包袱”，这些包袱是固定的，需要根据现场再加工。否则生搬硬套，就会出现所谓的“冷笑话”“冷场”。任何观众对于突然扔出来的一个包袱，第一个反应都会是吃惊和沉默，因为他们的情绪根本还来不及扭转。所以，在抖包袱之前，你需要活学活用，自己说了什么，观众有什么反应，因势利导，再到节骨眼儿抖出包袱，这样就不会让人觉得突兀了。

掌握技巧，发言引人注意

即兴发言的成功取决于深入的准备工作。确实有一些能迅速吸引人们注意、“引起轰动效应”的发言技巧。下面就是如何进行即兴发言的一些技巧：

一是提炼主题。主题是即兴发言最重要、最关键的内容，是整个表达的根本依据。讲话时每一个层次、每一个段落、每一个句子、每一个词都反映着一个意思，这些意思都要统帅于主题之下。因此，即兴发言要寻找触点，临场发挥，及时提炼新颖而典型的主题。

临场发挥。着眼于临场某一客观事物的特点和本质，进行主观联想，立即闪现出一种思想，然后把它言表于外。

内心孕育。当开展调研或检查工作时，从别人讲话中得到启发，萌发一个新的观点，这时就成了孕育主题的素材。

角度更新。对同一个问题从不同角度进行表达，使之更加新颖，表达出众。

二是把握中心。即兴发言不是照本宣科，难免带有水分，有时会插一些题外话，有时会发现已讲过的某个问题有点遗漏需要临时补充，这样就容易杂乱。作为一个高明的说话者，应时刻把主题牢记在心，不管怎样加插，不管转了多少个话题，都不偏离发言的中心。

三是言之有序。即兴发言不能靠材料堆积吸引人，而要靠内在的逻辑力量吸引人，这样才有深度。与写作相比，说话是口耳相传的语言活动，没有过多的时间让听众思考，所以逻辑关系要更为清晰、严密。话语的结构要求明了，善于提出问题、分析问题、解决问题。观点和材料的排列，要便于理解、记忆和思考，所以要较多地采用由近及远、由浅入深、由已知到未知的顺序安排。当然，时间顺序最好按过去、现在、未来进行安排，这样容易被听者记住。

四是要言不烦。凡是与主题无关的废话、言之无物的空话、装腔作势的假话，听众都极为厌烦。说话过程中，应当注意在句式变化的同时，多用短句少用长句。

长句能够表达缜密的思想，委婉的感情，能够造成一定的说话气势。但是其结构比较复杂，句子长，如果停顿等处理不好，不但说话者会觉得吃力，就是听话者听起来也不易理解。而短句的表达效果简洁、明快、活泼、有力。由于活泼明快，就可以干脆地叙述事情；由于简洁有力，就可以表达紧张、激动的情绪、坚定的意志和肯定的语气。因此在运用上，易说易听的短句更适合于在交谈、辩论、演讲等重要场合中使用。

五是连贯一致。即兴发言的开场白非常重要，它直接影响到所讲内容的展开，不能一开口就“噌”地冒出一句让人摸不着边际的话；多层意思之间过渡要灵活自然；结尾要进行归纳，简明扼要地突出主题，加深听众的印象。

随时随地，时刻做好准备

领导无论出席什么会议，参加什么活动，都有被邀请讲话的可能，所以应该随时做好讲话的准备。

当被邀请讲话的时候，一定要特别注意三个方面的问题。

一是态度谦逊，感谢或赞扬主人发言时一定要谦逊，可以感谢主人的热情好客或赞扬主人的功绩。在开场白中，有时为了融洽讲话者与听众之间的感情，可以采用一些有礼貌性的话题与听众沟通。

二是使听众有所收获和启迪。邀请你起来讲话，肯定是看重你的身份，并且希望你能说一些有代表性、启发性的话语。所以，你在被邀请起来讲话的时候，切忌满口空话，泛泛而谈，让人听了觉得寡然无味。要慎重考虑你所讲的内容，确保下面的听众通过你的讲话会有所收获和启迪，同时你可以通过短短几分钟的讲话树立良好的领导形象。

三是估计听众心理要求，根据对象选择话题。领导在被邀请讲话的时候，要以听众的心理要求为依据。如果你只顾自己讲，不考虑听众的感受，那么就没有达到主持人邀请你讲话的目的。所以，你在讲话之前要正确估计听众的心理需求，根据不同的对象选择不同的话题，才能吸引听众，进而打动听众。

灵感勃发，发言游刃有余

灵感式的即席发言是指在灵感勃发时的讲话，而“灵感”勃发指触景生情。这种发言多在讨论会上、酒宴上、各种聚会上遇到，偶尔也在意外情况突发中遇到。这种讲话，往往由别人的一席话使你发生联想，或者借景生情引出你的思绪，打开你的话匣子。这种讲话通常要看场合、情景，内容多以幽默、逗趣、欢乐为主。灵感式的即席讲话要把握住简洁、得体、高雅、有趣等几个方面。

灵感式的即席发言是人们在特定的场景中，受客观事物的触发，产生某种兴致而临时发表的讲话。“兴之所至，有感而发”是它的基本特点，而这样的即席发言主要有以下几种方式。

一是感“时”起兴。感“时”起兴，即在特定的时间，由于某种情感而迸发出的灵感式发言，假如在这一时间具有某种特殊意义，就可以成为一种中介体，激起这一活动参加者的兴致，从而引发即席讲话。比如说教师对于“教师节”这一特定的时间，有着真切的情感体验和深刻的思想认识，正是这具有特殊意义的“此时此刻”，使他们感触良多，从而会不可抑制地产生了即席讲话的强烈兴趣。

二是感“地”而兴。如果处在现场环境中的当事人对这一地点有着难以忘怀的人生记忆，就有可能由此激起内心强烈的情感活动，从而产生一吐为快的表达欲望，即为感“地”而兴。

三是感“人”起兴。作为讲话活动中的人，讲话者与听众的关系是十分密切的。但是从实际情况来看，正是这些处在语言交际场合的人，面对他人的时候，往往会受到这一特定对象的影响，从而激发兴致，情不自禁地临时发表感“人”起兴的讲话。

四是感“事”而兴。在社会生活中，人们日常的一些热门话题固然可以成为即席讲话的材料，即使是所谓小事，对善于体察和感悟生活的人来说，只要发现它们蕴含着重要的意义，同样可以激发一些灵感，激发讲话的强烈兴趣，促成一次富有启示性和感召力的感“事”而兴的即席讲话。

五是感“景”起兴，我们经常处于公共场合中，有时会受到眼前某种特定景象的触发而引起讲话的兴趣，导致一段精美的感“景”起兴的即席讲话。

六是感“物”起兴。人们在会议的现场，有时会不经意发现某种引人注目的物品。如果是一个善于观察和联想的人，往往能够感悟到这些物品的特殊内涵，从而即兴发挥，以开场白的方式，发表一段相当精彩的感“物”起兴即席讲话。

七是感“言”而兴。在有许多发言者的公众场合，某人的言论，可能成为他人感“言”而兴即席讲话的触媒。因为无论这种言论是激起与会者的同感还是反感，都可能促使他们临时产生说话的兴致，以表达自己的现场感受。

临场发挥，打造黄金模式

即兴发言多是在一种激动的场合下进行的，没有人乐意听长篇大论，因此必须短小精悍、字字珠玑。即兴发言虽不能像演讲那样讲究布局谋篇，但也要结构合理、错落有致、逻辑严密、轻重得体、一气呵成，切忌颠三倒四、离题万里、拖泥带水、重复拉杂。

即兴发言要想结构合理，不偏离逻辑，就要在开头和结尾处多下功夫。即兴发言是一种需要根据现场情况临场发挥的行为，所以开头没有固定的格式。发言者也不可过于死板，否则会限制发言的临场发挥效果。在此，列举以下几种模式，供参考。

一是开门见山升华总结式。即兴发言开头可以用“开门见山式”，即先亮出主题，然后对主题做较详细的论证和分析说明。结尾可以采用“总结式”“升华式”“启发式”“号召式”等。

二是“曲径通幽”式。即先举例，再叙述主旨要点和理由，进行论证与分析。同时，为了使开头更活泼一些，可以采取“引用式”，即引用名人名言、诗词歌赋等。另外，还可以用“设问式”，即用一个问题吸引大家的注意力。

三是“话框加思达意式”。所谓“加思”，即指构思过程中，在定好“话框”后，再选用精练简要的词语添加思想内容，以此来更准确地传情达意，从而树立自己的讲话形象。即兴发言，就是要见什么人说什么话，即“见着秀才说书，见着屠夫说猪”，一定要把话说到对方的心里。

此法包括：

礼：礼貌话，客套语，礼尚往来。

境：说背景，论时空，谈天说地。

论：谈过程，说结论，自我品评。

道：摆事实，讲道理，顺理成章。

体：谈体会，说感想，抒发心得。

果：定成果，找失误，罗列事迹。

策：明政策，晓法规，拿出措施。

四是昨天、今天、明天式。即兴发言要想说得好，需要一定的应变、一定的积累。也就是说，要有生活，要有内容，要有准备，要有储存。但是，一般领导干部需要即兴发言的情况是多方面的，不可能准备得面面俱到。

当积累不够的时候，我们怎么才能把话讲好呢？这就要借用三“天”，即“昨天、今天、明天”，也可以理解为“过去、现在、未来”。对于任何问题都可以谈谈你以前怎么看、今天又有什么新的认识、你觉得明天这个事情会有什么样的变化。这就是“昨天、今天、明天”的谈话链条。

五是祝贺、感谢、希望式。“祝贺、感谢、希望”这个模式几乎适用于任何场合的讲话。

即兴发言，是说自己的话，站在自己的角度去说话，讲别人没有讲过的，表达出自己的真情实感就可以了。就像电影镜头一样，有远景、全景、中景、近景、特定之分，表达的内容也会不一样。每个人都可以从自己的角度，发现你想要说的内容，只需灵活运用“昨天、今天、明天”“祝贺、感谢、希望”来即兴发言即可。

当然，你也可以结合自己的实际情况，发明新的发言模式，创造出自己特有的发言风格。

参考书目

文天行 / 编著《最新最实用领导演讲与范例全书》台海出版社，2015.2

黄久凌 / 著《当众讲话——让掌声响起》印刷工业出版社，2014.3

周宗辉 / 编著《魅力演说》中华工商联合出版社，2017.4

金波 / 编著《领导干部脱稿讲话 15 堂必修课》中国纺织出版社，2014.5

王悦龙 / 编著《领导干部脱稿讲话的艺术》中国纺织出版社，2015.1

苗发勇 / 编著《领导干部不可不会的讲话谋略》广西人民出版社，2010.5

刘荣喜 / 著《领导讲话艺术》华文出版社，2009.1

张海翔 / 著《脱稿讲话》广东经济出版社，2017.5

易尚 / 著《中层领导说话处事方略》中国纺织出版社，2010. 7

文博 / 编著《新编中基层领导工作实务全书》中国纺织出版社，2010.1

殷亚敏 / 著《领导干部 21 天提升当众讲话魅力》机械工业出版社，

2012.9

徐谦/编著《领导脱稿讲话大全集》金城出版社，2014.6

良石、崔瑶/编著《魅力口才毛泽东》台海出版社，2017.11

柏桦/编著《邓小平口才》海南出版社，1996.11

唐春元、黄先健/编著《毛泽东的说服与攻心之道》湖南人民出版社，2004.1

窦令成/著《口才与演讲技巧：领导脱稿演讲与即兴发言》人民邮电出版社，2015.7

华阳/编著《脱稿讲话的艺术：最佳口头表达能力速成秘诀》台海出版社，2016.2

黄大钊、曹瑞芳/著《脱稿讲话》人民出版社，2013.4

余飞/编著《领导干部讲话稿写作实务》广西民族出版社，2005.1

张清华/著《领导讲稿起草概论》河北人民出版社，1998.9

刘玉瑛/编著《怎样写讲话稿》中国民主法制出版社，2001.11

谢伦浩/主编《即兴说话素材大全》石油工业出版社，2006.5

葛彬、刘玉君/著《现代领导者能说善写的艺术》广东人民出版社，2001.4

张雪梅、张红清/主编《演讲与口才艺术》重庆出版社，2002.9

张培弛/编著《领导讲话水平历练教程》企业管理出版社，2002.5

许罡/编著《脱稿讲话金段子》红旗出版社，2014.3

文洁/主编《新编领导现场讲话技巧与艺术》海潮出版社，2011.1

李和忠 / 著《新编领导讲话稿写作方法与范例》中国文史出版社，2016.1

端木自在 / 著《脱稿讲话与即兴演讲》立信会计出版社，2016.8

郑一群 / 著《脱稿讲话：顶级演讲的10个秘诀》新华出版社，2016.7

王剑 / 著《脱稿讲话即兴发言》北京时代华文书局，2015.8

梁素娟 / 编著《脱稿讲话》北京联合出版公司，2016.1

李真顺 / 著《脱稿演讲与即兴发言》北京大学出版社，2013.8

易书波 / 著《脱稿讲话训练速成》北京大学出版社，2014.10

佰岗、魏清素 / 主编《领导者即兴口才技巧与案例全集》中国言实出版社，2010.9

后 记

无论是在机关单位，还是在企业事业单位，如果你要问最能体现领导水平的是什么？会有更多的人回答：领导讲话！

如此看来，领导讲话，既是最难的，也是最能体现水平的。

在平时，我们也总能听到这样的说法：某某讲话有水平，某某讲半天不知讲的啥。由此看出，反映领导有无水平的，竟是领导讲话。可以说，讲话是能力的体现，是魅力的展现，也是作风的表现。

我时常想，为什么有的领导讲话水平高，而有的就一般呢？于是，我反复琢磨，遍读相关书籍，对领导讲话稿的理解逐渐加深，思路逐渐清楚起来。原来，领导讲话是一门艺术，也是一门技术。

当然，这里所说的讲话，不是一般意义上的说话，而是领导在公务或社交活动中进行的讲话、谈话、发言、演讲、汇报等语言的表达形式。之所以说脱稿讲话，也是当前要求的，尽量不要念稿子讲话。所以，我在本书中把讲话、谈话、发言、演讲、汇报等一律统称为脱稿讲话，不再具体说明。

20 多年的机关工作经历，我勤奋探索，刻苦钻研，稍微摸到如何脱稿讲话技巧的一点门路，似有感悟，学有所得，遂不自量力，挖空心思，穷尽所想，广搜素材，前后用了两年多的时间编著成书，总结出 30 条技法。这 30 条技法，有理论，有案例，有建议，期望给领导者脱稿讲话一点小建议。不过，我这也仅是一孔之见，仁者见仁、智者见智吧。

当然，这 30 条技法，也不一定能概述全面，个别的内容还可能有交叉重复。但我已经尽力了。

尤其需要说明的是，我在编写过程中，参阅了大量图书资料，引用了大量讲话案例，借鉴了多人的智慧，因收集时间较长，书中未能一一注明出处及原作者或编者的姓名和书名。我深知，没有这些作者或编者的智慧和心血，自己是无法完成此书的。在此，我深表感谢与感恩。期待本书能对领导者脱稿讲话有所裨益。

编者

红旗出版社
RED FLAG PRESS
推动进步的力量

图书在版编目（CIP）数据

脱稿讲话30技 / 杨冰主编.
--北京: 红旗出版社, 2019.12
ISBN 978-7-5051-5059-1
Ⅰ. ①脱… Ⅱ. ①杨… Ⅲ. ①演讲-通俗读物 Ⅳ. ①H019-49
中国版本图书馆CIP数据核字 (2019) 第295413号

书　名	脱稿讲话 30 技		
主　编	杨　冰		
出 品 人	唐中祥	总 监 制	褚定华
责任编辑	朱小玲	封面设计	张合涛
出版发行	红旗出版社	地　址	北京市沙滩北街 2 号
邮政编码	100727	编 辑 部	010-57274497
发 行 部	010-57270296		
印　刷	北京温林源印刷有限公司		
成品尺寸	690 毫米 ×980 毫米　1/16		
字　数	200 千字	印　张	16
版　次	2020 年 2 月第一版	印　次	2020 年 2 月第一次印刷
ISBN	978-7-5051-5059-1	定　价	48.00 元

欢迎品牌畅销图书项目合作　联系电话：010-57270270
凡购本书，如有缺页、倒页、脱页，本社发行部负责调换